AF360957

5 mai 1907

ATELIER

Frits Thaulow

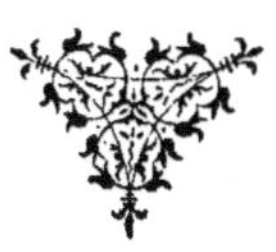

ATELIER

FRITS THAULOW

ORDRE DES VACATIONS

Le Lundi 6 Mai 1907

Tableaux, Pastels. Gravures. par Frits Thaulow. . . N°s 1 à 118

Le Mardi 7 Mai 1907

Tableaux. Aquarelles. Pastels. Objets d'art, composant la
collection particulière . . . . N°s 119 à 195

CONDITIONS DE LA VENTE

Elle sera faite au comptant.

Les adjudicataires paieront *dix pour cent* en sus des enchères.

Paris. — Imp. Georges Petit, 12, rue Godot-de-Mauroi. — 17536-07.

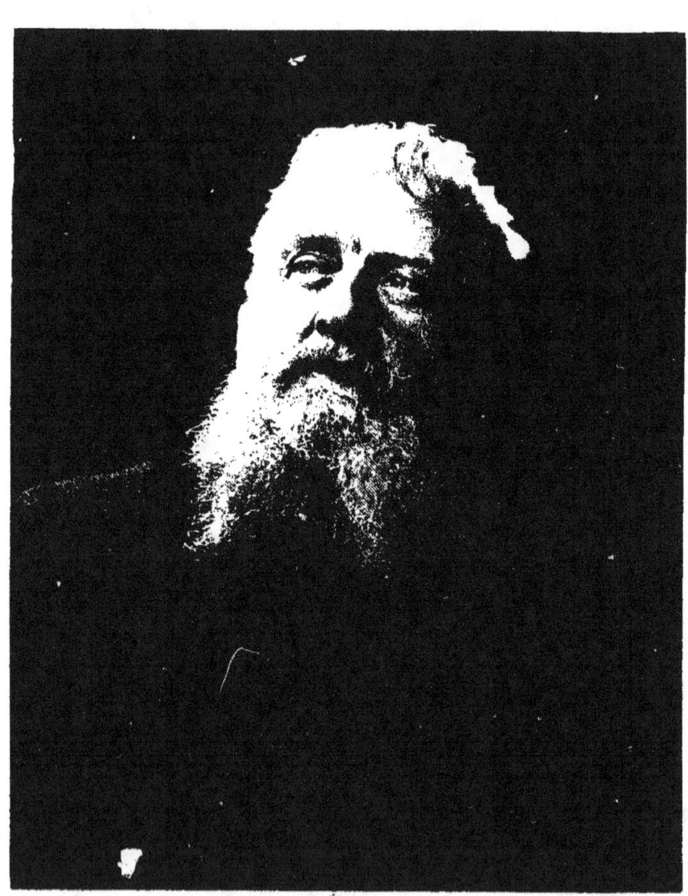

CATALOGUE

TABLEAUX

Provenant de l'atelier

FRITS THAULOW

ET DES

Tableaux, Aquarelles, Pastels

PAR

JACQUES BLANCHE, BAERTSOEN, BOUDIN, CAZIN, FOURIÉ, WALTER GAY, HARRISON
HELLEU, LEROLLE, LIEBERMANN, MÉNARD
MILLER, RAFFAELLI, ROLL, ETC.

SCULPTURES PAR RODIN — OBJETS D'ART

Composant la collection particulière de M. FRITS THAULOW

et dont la vente, par suite de décès, aura lieu à Paris

GALERIE GEORGES PETIT

8, RUE DE SÈZE, 8

Les Lundi 6 et Mardi 7 Mai 1907, à 2 heures

COMMISSAIRE-PRISEUR

M. PAUL CHEVALLIER

10, rue Grange-Batelière, 10

EXPERTS

M. GEORGES PETIT | M. E. MONTAIGNAC

8, rue de Sèze, 8 | 7, rue Caumartin

EXPOSITIONS

PARTICULIÈRE : *Le Samedi 4 Mai 1907, de 10 heures à 6 heures*
PUBLIQUE : *Le Dimanche 5 Mai 1907, de 10 heures à 6 heures*

FRITS THAULOW

I

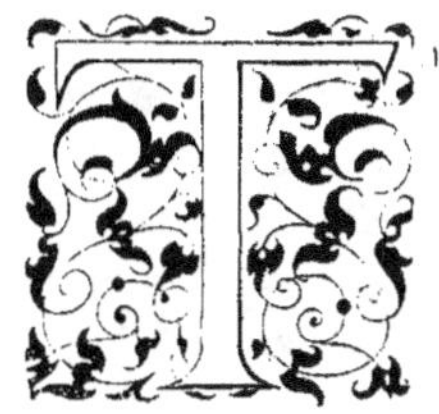ANDIS que je passais en revue une à une, un matin du mois dernier, toutes les peintures et les quelques pastels plus loin catalogués, je me rappelais, avec un serrement de cœur, le bon géant qu'était Frits Thaulow, avec ses yeux clairs, sa barbe en broussaille, son geste loyal et franc, sa bonhomie joviale et fine, sa gaîté attendrie quand il accueillait un ami, et le bel enthousiasme qui s'emparait de lui lorsqu'il parlait des choses de l'art, l'art sous toutes ses formes, l'art dans ses manifestations les plus diverses, dans ses modes d'expression les plus variés.

Quand il était venu à Paris, vers 1883, déjà célèbre à Christiania, où il avait étudié à l'atelier de Gude, un vieux peintre norvégien qui s'était spécialisé dans le mouvement des vagues, il avait de suite conquis la grande ville : la beauté qui se dégageait de son œuvre et la sympathie qui se dégageait de sa personne, avaient attiré autour de lui des admirateurs convaincus et des amis fidèles, si bien que

Paris, qui ne devait être qu'une étape de Thaulow et de sa famille, avant son départ pour Rome, Florence et Venise, devint le but de son voyage ; il y établit ses pénates et ne songea plus guère à partir pour l'Italie. Il est vrai qu'en mettant le pied sur le sol français, dans le Pas-de-Calais, le paysage, les petites maisons blanches, les toits de tuiles rouges avaient séduit son œil de peintre : il s'était arrêté à Camiers pour deux mois, et, sans y songer, il y resta deux ans. Si bien que lorsqu'il entra à Paris, ce Norvégien apportait des tableaux du pittoresque français, comme personne ne l'avait encore regardé, vu, interprété.

Dès lors il fut justement tenu pour un maître, et lorsqu'en 1890 on vit son portrait et celui de Mme Thaulow dans le tableau si tendre, si vivant, si simplement vrai que Roll fit de lui, le public accueillit l'image du Norvégien par un succès tel que Thaulow dut comprendre à quel point il était aimé de tous, si sa modestie ne lui permettait pas encore de comprendre à quel point il méritait de l'être.

Et ce n'était pas seulement dans un cercle restreint d'amateurs qu'il en était ainsi.

Je me rappelle Thaulow, vers 1892, à l'inauguration de l'Université de Lille : il était là, le chef coiffé de son béret d'étudiant de l'Université de Christiania, superbe de santé, d'entrain et d'appétit. Au banquet, les étudiants le portèrent en triomphe devant les autorités, quelque peu surprises d'un pareil élan de jeunesse. Mais Thaulow ne fut-il pas toute sa vie un étudiant, l'étudiant en quête de progrès, en quête de ce mieux à atteindre qui est pour un artiste ai la loi essentielle de son évolution et le viatique à l'aide duquel son art ne reste pas stationnaire.

Thaulow a toujours étudié, on peut l'affirmer. S'il

eut conscience de sa victorieuse maîtrise, il ne s'est jamais
endormi sur ses lauriers. Ses heures de repos, il les occupait
à faire de la musique avec ses enfants, dont les succès le
rendaient fier ; il jouait du violoncelle en professionnel de
l'archet ; puis, quand l'heure de la récréation était écoulée,
il s'en allait à l'étude. Dans la dernière année de sa vie si
brusquement interrompue, on le vit, dans la neige, sur la
glace, étudier, étudier toujours, se battre contre les difficultés de l'expression, pour arriver à dire ce qu'il voulait
dire et comme il le voulait dire.

II

Et dans les peintures qu'on trouva à son atelier, dans les
pages admirables qui sont plus loin décrites, il est là tout
entier ; c'est son prodigieux labeur qui apparaît, sans défaillance ; c'est son magnifique effort qui se révèle et rayonne.
On le suit dans ses pérégrinations, de Christiania à Copenhague, de Copenhague en Normandie, de Normandie à
Paris. Les saisons lui offrent un clavier dont il joue avec
une virtuosité stupéfiante ; mais l'hiver surtout le passionne,
et la neige lui inspire des variations d'une infinie splendeur.
Là où d'autres fussent passés sans remarquer le motif à
peindre, il trouve, lui, le cadre plein de grandeur qui sied
à son concept esthétique : une usine, un moulin à eau, des
murs de briques, des toits de tuiles rouges sous un ciel étincelant du soleil froid d'hiver ; un fleuve qui coule en cascade,
avec des mouvements bousculés de petites vagues où s'agitent
mille reflets, des glaces brisées dont les lames se suspendent
au-dessus du courant comme de fragiles parquets lumineux,
des nuages qui enveloppent les choses d'ouates silencieuses et

diamantées ; il note tout cela en des morceaux qui sont des chefs-d'œuvre ; sa couleur est éclatante, avec des caresses de velours ; son dessin est d'une synthèse et d'une souplesse qui étonnent ; ses perspectives sont établies avec une sûreté infaillible ; l'atmosphère plane sur le tout, légère, transparente, aérienne, et l'on pénètre si parfaitement dans le site qu'il interprète, on y vit, on y respire si naturellement, qu'on ne prend pas la peine de mesurer de quelle somme de travail une réalisation si complète est le témoignage : on n'aperçoit pas l'effort ; on ne devine qu'une inlassable joie de peindre, qu'une volonté vaillante à escalader les obstacles, à accomplir la conquête de l'idéal rêvé.

Thaulow a vu, il a compris et il a senti ; et cette sensation, il nous la communique pleinement, sans hésitation, sans hasard, parce qu'il sait où il veut aller ; il ne cherche pas l'admiration du tour de force ; il veut l'amener dans la vibrante et vivifiante clarté au soleil, dans la communion collective de la nature : ainsi le chêne aux bras robustes lève son front vers le ciel égayé de la chevauchée des nuages et mire dans l'eau frissonnante ses frondaisons abriteuses de nids, sans se douter que sa contemplation éveille dans l'âme de ceux qui le voient la sereine et apaisante émotion d'un spectacle de beauté.

C'est que, dans l'œuvre d'un paysagiste tel que Thaulow, nous ne goûtons pas seulement un plaisir géographique ; le paysage n'est qu'un moyen ; la résultante morale est le but, et ce but, c'est au génie de l'artiste à nous le faire toucher ; et s'il y parvient, c'est que, dans sa transposition de la réalité, il nous provoque à de pures joies spiritualistes.

« Nous donnons nos propres qualités à la nature, a écrit un philosophe ; nous disons qu'elle est belle, touchante, harmonieuse, qu'elle possède la symétrie, la proportion, l'ordre, parce que ces qualités sont celles de notre âme, et qu'il nous appartient d'en retrouver l'expression au dehors, dans ce qui n'est pas nous. Et alors nous les prenons, ces mêmes qualités, à la fois en nous-mêmes et dans la nature, pour les transporter dans quelque œuvre qui est la nôtre, pour les réaliser dans l'art, lequel se trouve être à la fois l'expression de la pensée qui demeure en nous, et celle de la pensée qui, émanée de nous-mêmes, est reflétée par la nature.

En résumé, les paysages, selon la formule de Guyau, ce sont des états d'âmes, et il apparaît clairement qu'il en est ainsi dans les œuvres si belles, si fortes, si émouvantes, que Thaulow avait gardées dans son atelier, ces œuvres qui résument toute sa carrière en une gerbe d'une magnificence insoupçonnée, dont chaque fleur va être dispersée pour l'anthologie des collections qui les guettent.

III

J'ai dit que Thaulow avait conquis à Paris de solides amitiés : on en trouvera la trace dans certaines œuvres de ses contemporains, telle une brillante esquisse de Roll, qui portent la dédicace d'un souvenir affectueux. Mais la collection particulière de Thaulow nous révèle une des plus touchantes qualités de son cœur. Lui qui avait connu des débuts difficiles, lui qui savait combien est précieux un encouragement dans les heures hésitantes et longues où un talent jeune cherche sa voie, il se tenait au courant de tout le mouvement contemporain, il s'arrêtait à toutes les tendances, il avait — chose rare à notre époque — de fraternelles indulgences pour des confrères encore obscurs, et il achetait : et quand *il avait acheté, il s'appliquait, avec une foi éloquente, à défendre les promesses d'avenir qu'il avait devinées : de là toute une série d'œuvres qui s'ajoute aux souvenirs et forme sa collection particulière.*

Aussi, au moment où, pour une fois encore, Thaulow occupe de façon si éclatante la scène de l'actualité, ne peut-on se garder d'être attendri sur sa fin si brusque. L'artiste et l'homme, chez lui, ont droit à une part égale de regrets, un regret que nous sentons plus amer à l'instant où son nom va s'illuminer d'un rayonnement plus glorieux.

L. ROGER-MILÈS.

DÉSIGNATION

Tableaux

I — La Nouvelle fabrique, à Lillehamer.

Sur la blancheur de la neige qui couvre tous le pays, l'usine dresse ses murs de briques rouges que le soleil égaye de sa caresse blonde. Au-dessus de l'usine et des constructions voisines, le ciel plane, délicieusement bleu. Et voici qu'entre les lames de glace la chute d'eau précipite sa nappe liquide qui écume. Et la rivière est toute agitée de petites vagues à l'accent sombre, qui disent la masse profonde et souple du courant.

Signé à droite, en bas.

Toile. Haut., 65 cent.; larg., 81 cent.

2 — Route de Beaulieu.

La route file entre une haie d'arbres, au milieu de la campagne verte. Sur le sol, les feuilles mortes mettent leur chanson fauve. Des gens s'en reviennent du marché. A droite, à moitié de la colline, les constructions d'un château et d'une ferme.

Signé à gauche, en bas.

Toile. Haut., 65 cent. ; larg., 81 cent.

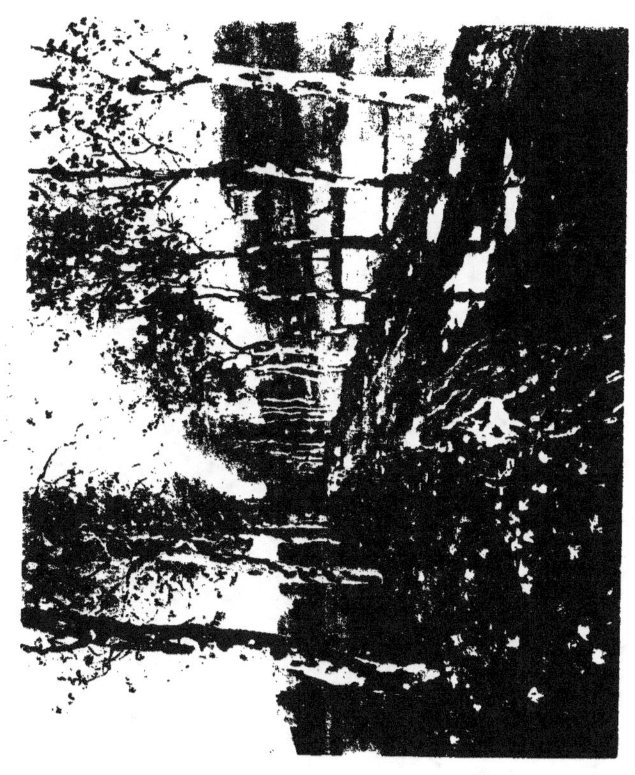

3 — Fabrique sur la Mesna.

C'est après la tourmente de neige : le ciel s'éclaircit, tandis qu'à droite et à gauche, sur le sol et sur les branches orphelines de feuilles, la neige a déposé son ouate froide en flocons épais. Au fond, les constructions de l'usine, au pied desquelles l'eau coule, frissonnante, tourbillonnante, heurtée. De chaque côté de la rivière, des banquettes de glace restent suspendues à la rive.

Signé à droite, en bas.

Toile. Haut., 65 cent., larg., 81 cent.

4 — Moulin sur la Mesna.

Le ciel paraît plus rose en ce décor tout blanc de neige. Le moulin, à droite, au fond, dresse sa construction, et l'on devine, à la chute d'eau qui a défendu la rivière contre l'envahissement de la glace, que les meules doivent écraser le grain et mettre leurs grincements assourdis dans cet hiver silencieux.

Signé à gauche, en bas.

Toile. Haut., 65 cent.; larg., 80 cent. 1 2.

5 — Moulins en Hollande.

Au bord de la rivière, les moulins se dressent sous le ciel en partie voilé de nuées grises. A la surface de l'eau, des hommes font glisser des troncs d'arbres équarris. A gauche, au-dessus des roseaux, des buissons mirent dans l'eau leurs frondaisons touffues.

Signé à droite, en bas.

Toile. Haut., 65 cent.; larg., 81 cent.

6 — Canal à Copenhague.

Le long du canal, à gauche et au fond, derrière une rangée d'arbres, des constructions se dressent coiffées d'ardoises ou de tuiles rouges. Sur le bord opposé, à droite, des barques et un bateau à vapeur sont amarrés. Du même côté, un chemin de halage suit le bord, tandis que le sol, à droite, est planté de grands arbres. Dans le ciel, quelques nuées grises.

Signé à droite, en bas, des initiales : F. T.

Toile. Haut., 65 cent.; larg., 81 cent.

7 — Environs de Christiania.

A droite, la berge couverte de neige; au fond, la ville couverte de neige; au milieu, passant sous un pont, la rivière toute bleue de reflets qui tombent du ciel d'azur. L'eau est agitée et bat contre le mur d'une construction à gauche, que l'hiver a garni à la base d'une guipure de glace.

Signé à droite, en bas.

Toile. Haut., 65 cent.; larg., 81 cent.

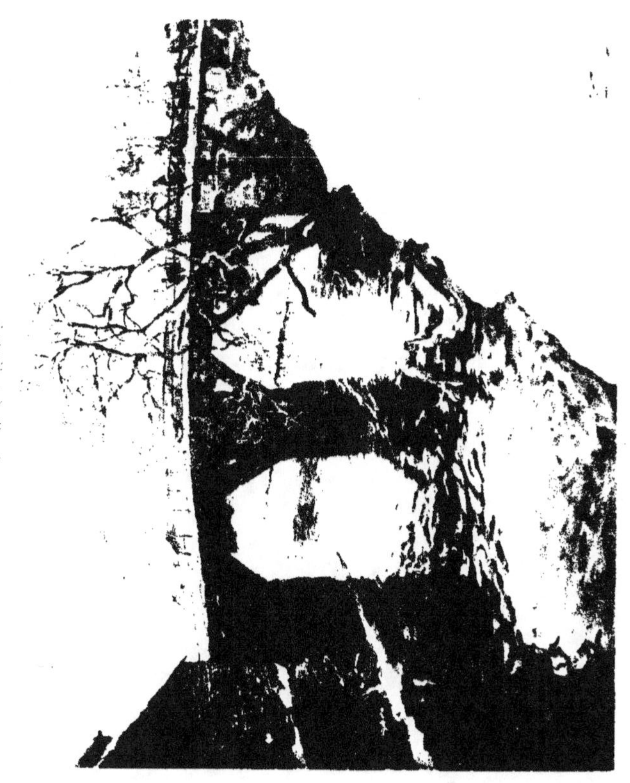

8 — Beaulieu.

Au pied des maisons, au-devant desquelles grimpent des feuillages
verts et rouges, la rivière coule, faisant écumer, par dessus le barrage,
sa large nappe d'eau souple et lourde. Dans le ciel, l'harmonie grise
des nuées.

Signé à droite, en bas.

Toile. Haut., 53 cent.; larg., 81 cent.

9 — Chapelle à Édam.

A gauche, les murs de la chapelle en briques rouges sont percés
des petites fenêtres de la communauté. A droite, un pré planté de
gros arbres aux feuilles dorées par l'automne. Deux femmes, enveloppées dans de larges capes, s'avancent sur le gazon. Au premier
plan, une chaussée pavée et une cour jonchée de feuilles mortes.

Signé à droite, en bas.

Toile. Haut., 79 cent.; larg., 73 cent. 1 2.

10 — Le Marronnier à Quimperlé.

Une anse profondément enfoncée dans la terre : de l'eau calme,
pleine de reflets, où se désaltère une vache tachetée de noir et de
blanc, que garde une pastoure vêtue de brun et coiffée d'une marmotte
blanche. A gauche, le sol qui décline jusqu'au bord de l'eau est vêtu
d'herbe verte. Il est dominé par des massifs d'arbres dont la tête dorée
dessine des sinuosités sous le ciel bleu léger, transparent, aérien.
A droite, au pied d'une colline dont le flanc est hérissé de roches
parmi des bruyères roses, deux marronniers se dressent, majestueux,
superbes, leurs frondaisons d'automne incendiées par les derniers
rayons du soleil qui se couche. Et, dans cette harmonie de calme
blond et d'apaisement, c'est une fanfare de cuivre qui éclate, belle,
magnifiquement.

Signé à droite, en bas.

Toile. Haut., 60 cent.; larg., 73 cent.

11 — Le Pont d'Avila.

L'eau coule, heurtant les roches qui émergent de sa surface et jouant autour des arches du pont de pierre qui unit ses deux rives. A droite, au bord de l'eau, une construction au toit de tuiles rouges. A gauche, assise sur une pierre, une femme, en robe noire et fichu rouge écoute ce que lui dit une compagne, debout près d'elle, les mains sur les hanches. Au-dessus du pont, dans le ciel bleu, s'envolent d'amples nuées grises.

Signé à droite, en bas.

Toile. Haut., 81 cent.; larg., 1 mètre.

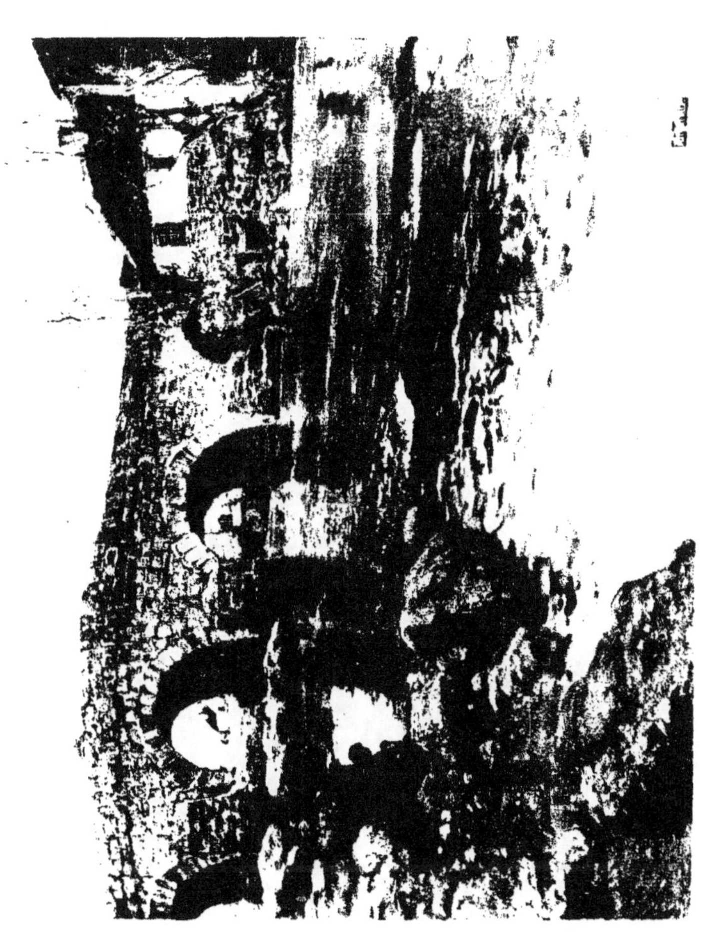

12 — L'Étang à Copenhague.

A gauche, le sol hérissé d'herbe et planté d'arbres aux branches
dépouillées de feuilles, qui se tordent, mélancoliques, sous le ciel gris.
A droite, l'étang aux eaux frissonnantes, ou plongent des reflets et
que marquent, au fond, de leur blancheur ailée, deux cygnes arrêtés
près des pilotis de leur cahute.

Signé à droite, en bas.

Toile. Haut., 60 cent.; larg., 73 cent.

13 — Environs de Bergues.

Au premier plan et au milieu, l'eau courante qui s'échappe en flots
tumultueux et écumants d'une vanne. A droite, dans l'ombre, le sol
gazonné qui descend jusqu'à l'eau en pente douce. A gauche, au-
dessus de la rive dont les plans de verdure s'étagent, on aperçoit,
derrière une rangée d'arbres à la cime fouettée par le vent, les maisons
d'une petite ville aux toitures de tuiles rouges et le clocher trapu
d'une église coiffée d'ardoises grises. Le ciel est clair, avec d'amples
nuées grises et rosées.

Signé à droite, en bas.

Toile. Haut., 60 cent.; larg., 73 cent.

14 — La Dordogne. Eaux basses.

Dans les premiers plans, l'eau agitée, tourbillonnante, qui laisse à
découvert des bancs de sable, puis à gauche, au fond, se dressant sur
l'écran des collines prochaines, des constructions aux toitures de tuiles
brunes, dominées par un petit clocher. A droite, au fond également,
un îlot planté de gros arbres, puis l'autre rive boisée. Au-devant du
ciel bleu plane un grand nuage d'orage menaçant.

Signe à droite, en bas.

Toile. Haut., 60 cent.; larg., 73 cent.

15 — Overschie.

Sur la longue bande de terre que les canaux semblent resserrer, des gens s'en viennent : hommes, femmes et enfants. Derrière eux se dressent des moulins dominant les maisons basses aux toits de tuiles rouges. A gauche, une barque à voiles vient de doubler le cap d'un îlot au sol verdoyant, planté de quelques saules. Au fond, de l'autre côté du cours d'eau, une ville se dresse, dominée par le clocher d'une église. Dans le ciel, en partie chargé de nuées d'orage, le soleil qui se couche allume la féerie de ses clartés fauves.

Signé à droite, en bas.

Toile. Haut., 81 cent.; larg., 1 mètre.

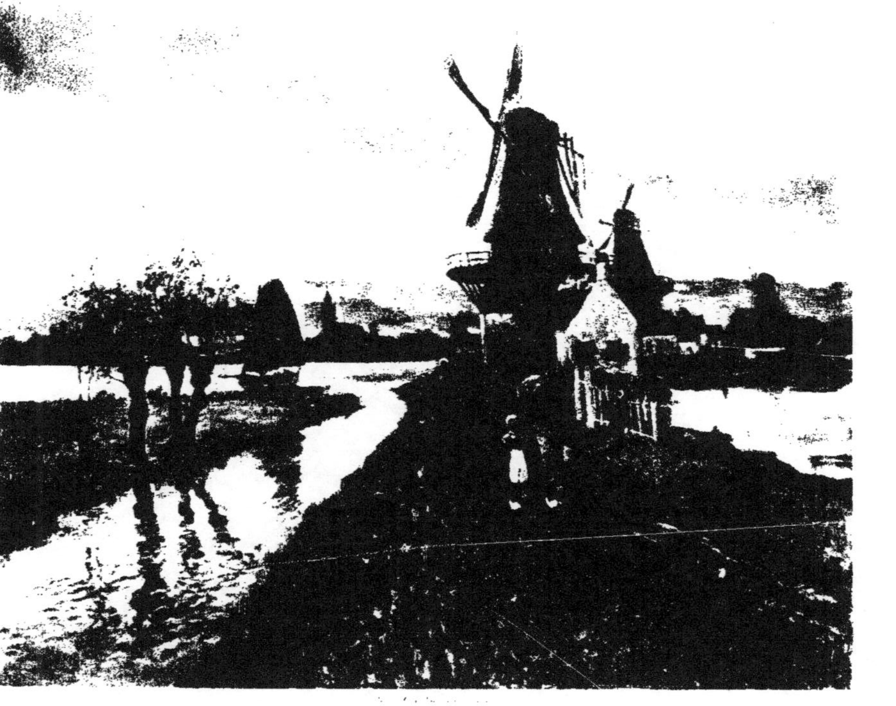

16 — Péquigny.

Le tournant de la grande rue du village. A droite, à gauche, au fond,
les maisons basses aux murs de crépit, aux toits de chaume ou de
tuiles rouges. De chaque côté de la rue, un remblai planté de quelques
buissons. Au fond, une colline boisée, avec des frondaisons automn-
nales où le soleil met des rutilences d'anciennes orfèvreries d'or. Un
ciel clair traversé de nuées blondes.

Signé à droite, en bas.

Toile. Haut., 60 cent.; larg., 73 cent.

17 — Volendam.

Entre des rives resserrées, au bord desquelles se dressent des habitations aux murs de briques, aux toits de tuiles rouges, le canal coule
empruntant au ciel et aux choses des reflets miroitants. A gauche, une
laveuse agenouillée est en train de tremper son linge, tandis que, derrière elle, debout et calant des deux mains une corbeille contre son
flanc, une jeune femme tourne la tête vers le fond, où on aperçoit dans
la clarté du jour sur le ciel, se dresse le clocher d'une église.

Signé à gauche, en bas, des initiales : *F. T.*

Toile. Haut., 60 cent.; larg., 73 cent.

18 — Volendam.

A droite, au fond, c'est un essaim de petites maisons basses et gaies,
aux toits pointus couverts de tuiles rouges, qui mirent leurs faces
ensoleillées dans l'eau courante. A gauche, sur l'autre rive, une
laveuse est en train de tremper son linge. Deux canards hésitent à
s'approcher d'elle. Au fond, le canal dessine un coude, et, sur sa rive,
les maisons s'alignent basses et percées de petites fenêtres. Le ciel est
clair, illuminé de soleil printanier.

Signé à gauche, en bas.

Toile. Haut., 60 cent.; larg., 72 ce. 1 1 2.

19 — Une Rivière en Norvège.

A droite, aux premiers plans, en avant de massifs boisés, le sol longe la rivière, sable dénudé que les eaux viennent balayer. Deux pièces de bois équarries sont abandonnées là. A gauche, au premier plan, l'eau coule, transparente, faisant flotter à la surface de son miroir frissonnant les reflets du ciel et des choses qui occupent les rives. Au fond, le long de la rive, des massifs d'arbustes couvrent le sol dominé par une chaine de collines aux rocailles moussues. Au bas de la colline se dressent quelques habitations de brique, de plâtre et de tuile.

Signé à droite, en bas.

Toile. Haut., 1 m. 08 1 2; larg., 1 m. 35.

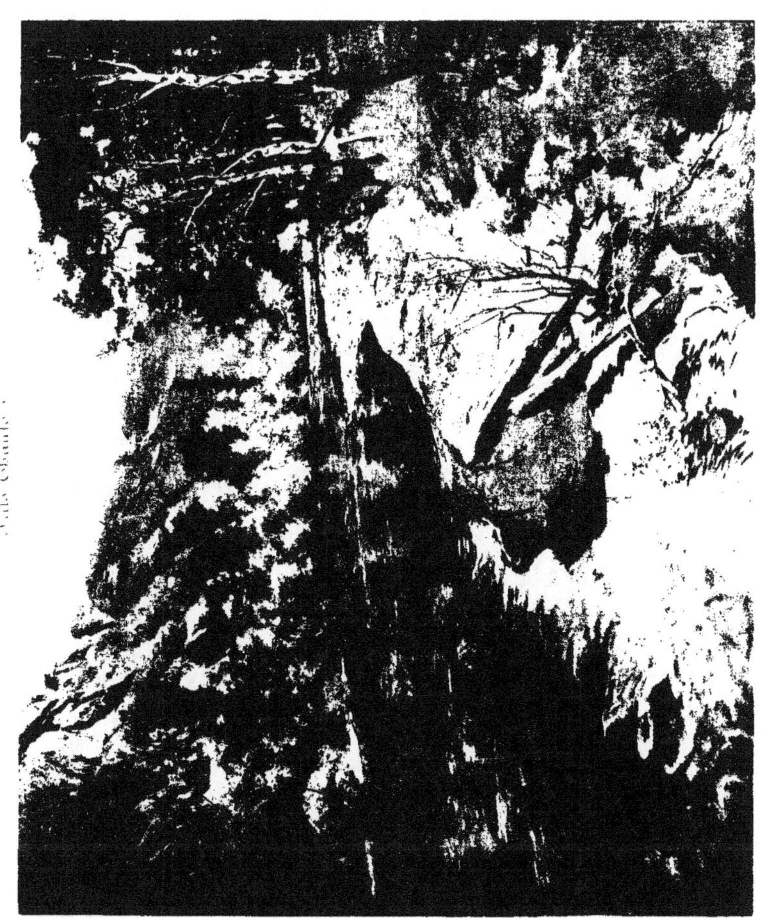

20 — Volendam.

Le canal apparaît resserré entre les rives aux constructions basses, façades bariolées de blanc, de vert et de brun, toitures de tuiles rouges. Au fond, une passerelle verte agrémente le décor, tandis qu'une ménagère suspend son linge à des cordes pour le faire sécher, une autre, agenouillée sur sa planchette, cause avec un personnage qui manœuvre les deux rames d'une barque. Dans l'eau amplement agitée, le ciel réfléchit son azur enveloppé de nuées blondes.

Signé à droite, en bas.

Toile. Haut., 60 cent.; larg., 71 cent.

21 — Lillehammer.

C'est l'hiver, il y a de la neige, à droite et à gauche, sur les branches aux feuilles tombées, sur les toits des maisons aux façades rouges, brunes et vertes, et, plus loin, sur la montagne que l'on aperçoit au fond. Et, dans le ciel, voici que de gaies clartés s'allument, balayant les nuées blondes qui fuient vers la droite. Au milieu, l'eau du canal coule, agitée, tumultueuse, prenant, à droite et à gauche, les reflets des constructions qui le dominent.

Signé à droite, en bas.

Toile. Haut., 60 cent.; larg., 73 cent.

22 — Les Récureuses à Beaulieu.

Au bord de l'eau : elles ont apporté leurs bassines et leurs coquemards de cuivre rouge, et la note du métal chante vive sur le sable de la berge et dans l'harmonie des feuilles vertes. A gauche, une passerelle démolie gît contre les rives du cours d'eau. Au fond, sous le ciel clair, une colline se dresse.

Signé à droite, en bas.

Toile. Haut., 65 cent.; larg., 81 cent.

23 — Beaulieu.

A gauche et à droite, au bord de l'eau, des massifs de gros arbres aux frondaisons transparentes. Au fond, au pied des collines, les maisons aux toits de tuiles rouges, et, au milieu, l'eau avec des reflets de tourbillonnements, des éclats de lumière. Tout un mirage où le ciel fait jouer l'harmonie radieuse d'un jour d'été qui s'achève.

Signé à droite, en bas.

Toile. Haut., 60 cent. ; long., 73 cent. 1/2

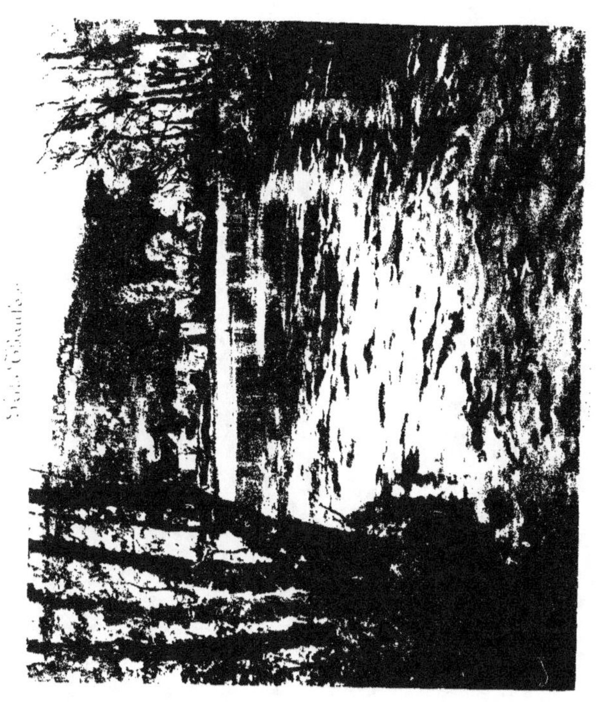

24 — Rivière en Norvège.

Sur la rivière, aux eaux secouées et pleines de reflets, un pont étroit est jeté. Le long des rives, l'eau vient battre contre des roches. A gauche, au fond, le sol planté de pins se relève en une colline, et ce sont des collines également dont on voit, à droite, au fond, la chaine se dessiner.

Signé à gauche, en bas.

Toile. Haut., 65 cent.; larg., 81 cent. 1 2.

25 — La Dordogne à Beaulieu.

A droite et au premier plan, l'eau courante dessine un coude. A gauche, au pied de la montagne, derrière un ilot planté d'arbres, on aperçoit les constructions aux toitures de tuiles brunes.

Signé à droite, en bas.

Toile. Haut., 65 cent.; larg., 81 cent. 1 2.

26 — Beaulieu.

A gauche de la place, où se dresse une statue, une construction ancienne s'élève de l'autre côté d'un mur percé de deux portes cochères. A droite, au fond, une entrée de rue, au bord de laquelle s'alignent les maisons. Au premier plan, au milieu, une vieille femme s'avance abritée sous un parapluie rouge: quelques autres figures sont indiquées dans le fond.

Signé à droite, en bas.

Toile. Haut., 46 cent.; larg., 55 cent.

27 — Copenhague.

Dans les premiers plans, l'eau agitée où plongent les reflets du ciel profond. Au fond, la ville aux constructions de briques rouges, toute illuminée de lumière et dominée par un clocher.

Signé à droite, en bas.

Toile. Haut., 81 cent.; larg., 65 cent.

28 — Dordrecht.

Le large bassin : à droite, les pilotis d'amarres émergeant de l'eau profonde aux masses secouées. A gauche, un sloop de pêche aux voiles rouges et jaunes. Plus loin un bateau à vapeur dont la cheminée envoie vers le ciel bleu un panache de fumée. Au fond, les quais, puis l'agglomération des petites maisons, puis l'église vaste, aux murailles de briques rouges, percées de baies à l'arc cintré et dominé par un clocher trapu que soutiennent des contreforts.

Signé à gauche, en bas.

Toile. Haut., 81 cent.; larg., 65 cent.

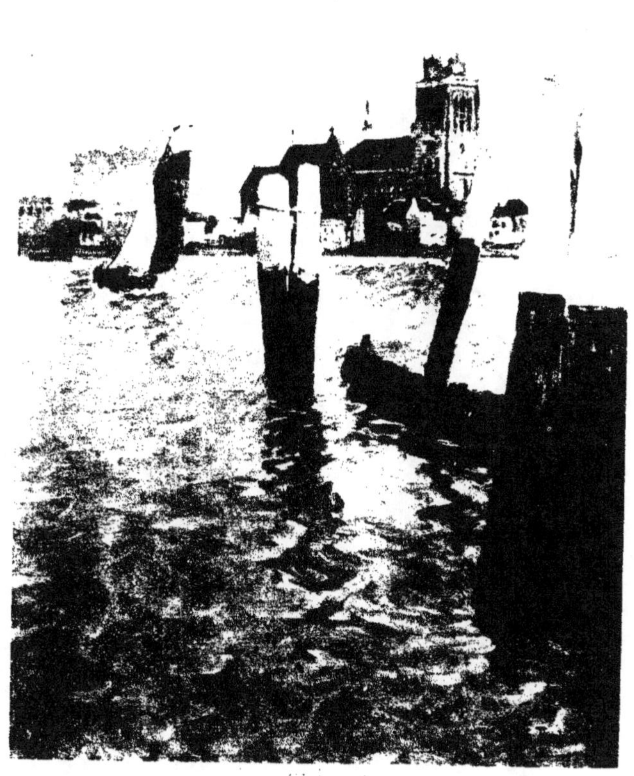

29 — Le Coleone.

Sur la place aux maisons pittoresques, le Coleone dresse sa fière silhouette, si magnifiquement portée par le haut piédestal aux proportions harmonieuses. Au premier plan, se trouve un étalage d'oranges et de citrons dans un panier.

Signé à droite, en bas.

Toile. Haut., 55 cent.; larg., 46 cent.

3o — Vérone.

Les maisons, à droite et au fond, façades peintes et toitures de tuiles rouges, se dressent au bord de l'eau où plongent les reflets profonds. Sous le ciel bleu où s'envolent des nuages lumineux, au fond, on aperçoit les constructions qui dominent une colline.

Signé à droite, en bas.

Toile. Haut., 55 cent.; larg., 46 cent. 1 2.

31 — Issoudun.

Une ruelle tout égayée de soleil: des maisons dont les murs s'agrémentent de plantes grimpantes. Au fond, au tournant, le long d'un bois, une femme s'éloigne, protégée par un parapluie.

Signé à droite, en bas.

Toile. Haut., 55 cent.; larg., 46 cent.

3ô — Les Bords de l'Hautie; effet de lune.

Dans le ciel clair, parmi les branches, la lune fait étinceler ses reflets d'argent à la surface de l'eau qui coule entre des rives enserrées: des clartés frissonnent, multiples et variées. Dans la pénombre, à gauche, on aperçoit des constructions, dont une, celle du fond, a ses fenêtres éclairées.

Signé à droite, en bas.

Toile. Haut., 55 cent.; larg., 46 cent.

4

33 — Après la pluie, Dordrecht.

A gauche, sur le quai planté d'arbres les pavés mouillés sont de place en place jonchés de feuilles mortes. Le long du quai, que suit une femme abritée par son parapluie, les maisons se dressent, alignées, façades de briques rouges ou fenêtres vertes dans un chambranle jaune. Au fond, à droite, de l'autre côté du bassin, la ville est massée, dominée par le clocher de l'église. Au milieu, contre le quai, un chaland est amarré. Le vent roule dans le ciel des nuées grises menaçantes.

Signé à gauche, en bas.

Toile. Haut., 65 cent.; larg., 81 cent.

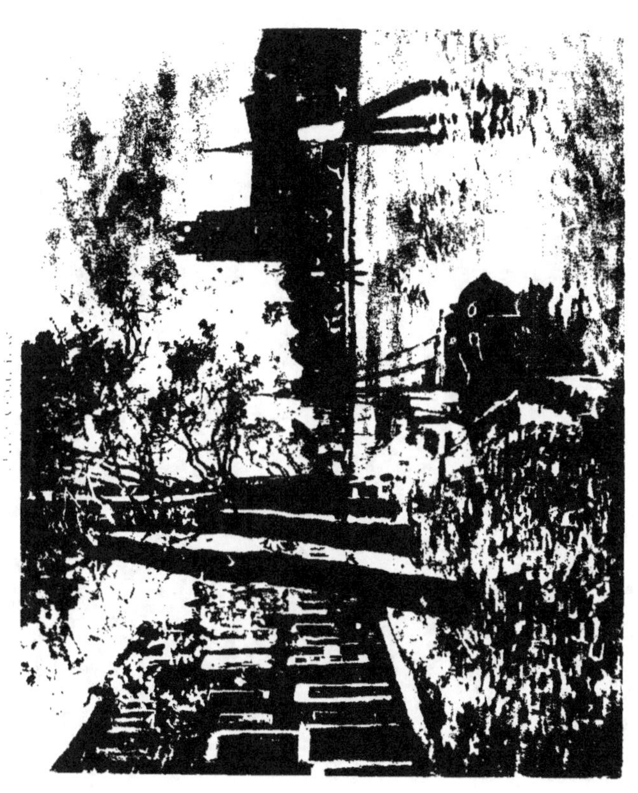

34 — Volendam.

Des bateaux de pêche amarrés au bord du canal. Les mats de ces
bateaux se réfléchissent dans l'eau frissonnante en silhouettes agitées.

Signé à gauche, en bas : *F. T.*

Toile. Haut., 46 cent.; larg., 54 cen'.

35 — Christiania.

C'est l'hiver : le sol est couvert de neige. Au bord du quai, un
steamer est amarré. Sur le quai, des chevaux attelés à de petits
traineaux.

Signé à droite, en bas : *F. T.*

Toile. Haut., 46 cent.; larg., 54 cent.

36 — Péquigny.

A gauche, la vieille église, vue par le chevet, avec ses fenêtres de
style ogival secondaire. A droite, sur le chemin qui tourne, on voit
s'avancer une procession que des gens recueillis regardent passer.

Signé à droite, en bas.

Toile. Haut., 45 cent. 1 2 ; larg., 55 cent. 1 2.

37 — Brétinon (Corrèze).

A droite, sur le haut d'une berge qui descend en pente douce vers
l'eau, les vieilles maisons sont alignées et, la façade caressée de soleil,
regardent couler la Corrèze, qui, en cet endroit, dessine un coude. Au
fond, sur l'autre rive, un bois s'étend, aux arbres chargés de frondaisons printanières.

Signé à droite, en bas.

Toile. Haut., 45 cent. 1 2 ; larg., 55 cent.

38 — Soleil d'hiver en Norvège.

De la neige partout, à gauche, à droite, sur les murs, sur les toits,
sur les branches d'arbres, sur le sol mouvementé que dominent, au
fond, des arbres aux branches dépouillées. A gauche, une haute
construction, en avant de laquelle s'élèvent un tambour de bois rouge
et une maisonnette de brique. Au premier plan, la rivière coule
tumultueuse sous un plancher de glace dont la partie médiane a été
brisée.

Signé à droite, en bas.

Toile. Haut., 65 cent. ; larg., 82 cent.

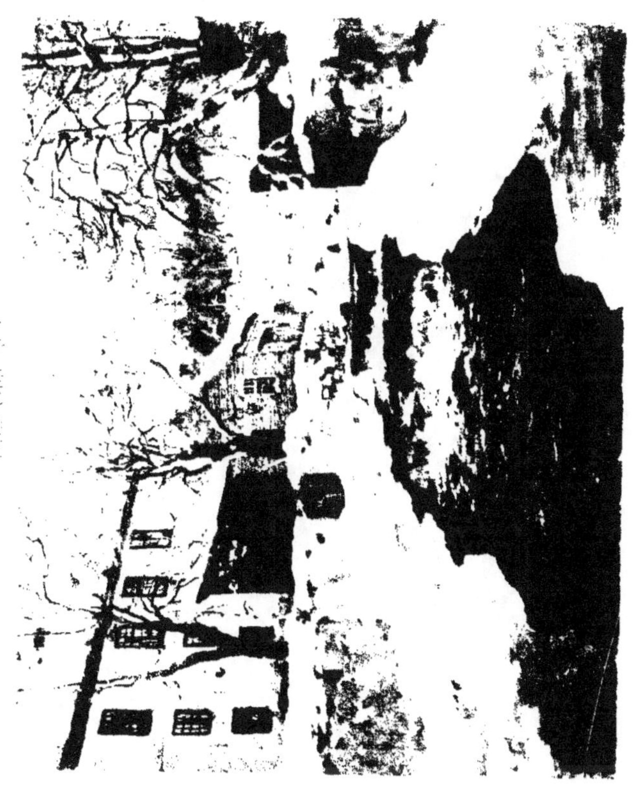

39 — En Corrèze.

Au bord de la rivière, toute pleine de reflets et de clartés, les vieilles
constructions se dressent, aux charpentes apparentes soutenant les
toits de tuiles rouges. A gauche, au fond, abritée par une colline,
l'église élance son clocher sous le ciel gris où passent des nuées
blondes.

Signé à droite, en bas.

Toile. Haut., 46 cent.; larg., 55 cent.

40 — Place d'Abbeville.

A gauche et au fond, les vieilles maisons étroites et hautes, où se
mêlent le double archaïsme du style des Flandres et de la domination
espagnole. Au milieu, le monument dédié à la mémoire de l'amiral
Courbet. Autour du terre-plein occupé par le monument, des fiacres
sont en station. Il pleut, il vente, et les passants ont peine à s'abriter
sous leurs parapluies.

Signé à gauche, en bas.

Toile. Haut., 46 cent.; larg., 55 cent.

41 — Ferme près de Saint-Martin-l'Église.

A gauche, au fond, la ferme aux constructions basses, entourée
d'arbres en fleurs. Au premier plan, un pré tout émaillé de fleurs, où
un cheval blanc a été mis au vert.

Signé à droite, en bas.

Toile. Haut., 45 cent. 1 2; larg., 55 cent.

42 — Dieppe.

La place au milieu de laquelle se dresse la statue de Jean Bart. A
droite, l'église, avec l'amorce d'une rue. Au fond, derrière la statue,
la masse des constructions. Le long du trottoir de l'église, une femme
a installé son éventaire. Dans la rue, d'autres figures.

Signé à droite, en bas : *F. T.*

Toile. Haut., 46 cent.; larg., 55 cent.

43 — Fin de jour, l'hiver, en Norvège.

A gauche, le long de la rivière, l'usine se dresse, son toit couvert de neige. A droite, une autre usine apparaît, et, d'un chariot qu'on vient d'amener, des charbons incandescents mettent une lueur fauve dans ce coin d'ombre : le ciel est éclairé par les derniers rayons du jour et dans l'eau on voit miroiter les regards pâles du soleil d'hiver.

Signé à droite, en bas.

Toile. Haut., 65 cent.; larg., 61 cent.

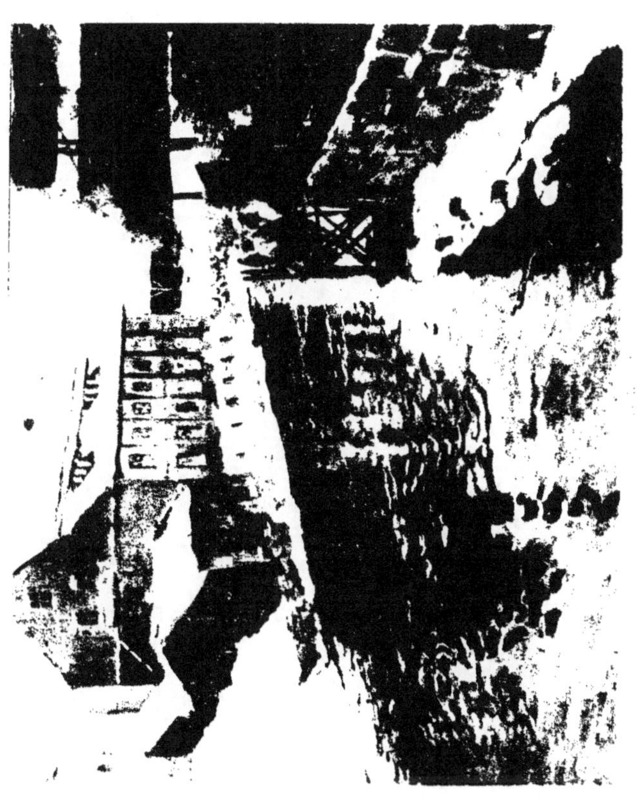

44 — Un Canal en Hollande.

Dans le jour qui se lève, l'atmosphère, au fond, à droite, est encore
enveloppée de brume. Au premier plan, des canards se promènent
dans l'eau du canal, au bord duquel se dressent des maisons basses et
des moulins assis sur leurs bases solides. Les toits sont rouges avec
de la tuile, ou gris avec de l'ardoise, et les reflets qui émanent d'eux
frissonnent à la surface de l'eau. Dans le ciel, il y a des roseurs tendres
d'un jour d'automne.

Signé à droite, en bas.

Toile. Haut., 64 cent.; larg., 80 cent. 1 2.

45 — Village en Corrèze.

Une rue, de chaque côté de laquelle se dressent des maisons de
brique. Au fond, un tournant de la rue et d'autres maisons aux
toitures grises sur un ciel ennuagé. Le sol est encore humide des
averses dernières.

Signé à droite, en bas.

Toile. Haut., 55 cent.; larg., 46 cent.

46 — Village normand.

Au premier plan et à droite, la route qui tourne, bordée à droite
par un bois, à gauche par les maisonnettes coiffées de tuiles rouges. A
gauche également, un pommier en fleurs dessine ses branches
impérieuses sur un fond de toits de chaume. Le ciel est encore
embrumé et traversé par un rayon rose d'aurore.

Sur la route, un paysan et une paysanne s'éloignent.

Signé à droite, en bas.

Toile. Haut., 54 cent. 1 2; larg., 46 cent.

47 — Une Rue au clair de lune.

A droite, le long des buissons qu'une haie maintient au bord de la route, un couple se promène. A gauche, sur l'autre côté de la rue qui dessine un coude, des maisons basses coiffées de tuiles rouges reçoivent sur leur crépit vieilli la pâle et caressante clarté des reflets lunaires. Et plus haut, c'est le ciel, le ciel immense tout éclairé, avec la chevauchée de nuages aériens sur l'écran d'azur profond, piqué de place en place des clous d'or des étoiles.

Signé à gauche, en bas.

Toile. Haut., 65 cent.; larg., 81 cent.

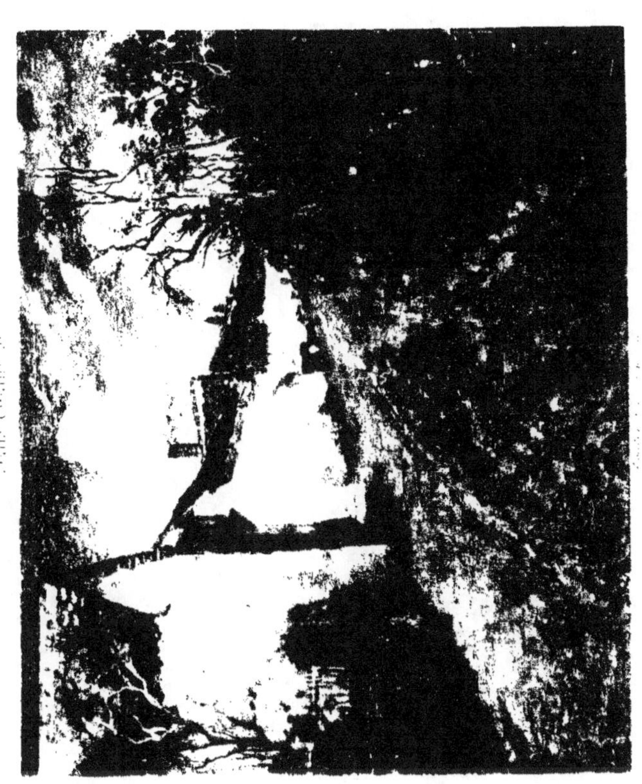

48 — Une Rue à Issoudun.

De chaque côté de la petite rue, les vieilles maisons sont alignées.
Aux façades du côté gauche, le soleil couchant vient donner sa caresse
blonde. Dans le ciel déjà enveloppé de pénombre, la lune commence
à se montrer. Une femme, vêtue d'une cape noire, s'éloigne dans la rue.

Signé à droite, en bas.

Toile. Haut., 45 cent. 1/2 ; larg., 38 cent.

49 — Canal à Venise.

Au bord du canal, que domine une maison de briques rouges, une
gondole est amarrée, et le gondolier, assis sur les marches du quai,
attend, les bras croisés.

Signé à droite, en bas.

Toile. Haut., 38 cent. ; larg., 46 cent.

5o — Une Rue à Venise.

Une ruelle à Venise. Dans un retrait, des filles et des femmes sont
assises et travaillent autour d'une table. Près d'une laveuse, un gamin
est campé, vu de dos ; plus loin, deux commères sont assises près de
leur porte. Des linges de couleur sont à sécher sur des cordes. Plus
haut que les maisons aux murs gris et roses, on aperçoit le ciel clair.

Signé à droite, en bas.

Toile. Haut., 45 cent. 1/2 ; larg., 38 cent.

5i — Audenarde, le soir.

La rivière coule, entre ses bords étroits tout garnis de buissons. Au
fond, dans le haut d'un terrain en pente, s'élèvent des constructions
aux murs de crépit.

Signé à gauche, en bas.

Toile. Haut., 45 cent. 1/2 ; larg., 57 cent.

52 — Vieilles maisons à Dordrecht.

Au bord du fleuve, marqué de place en place par les pilotis d'amarre, les vieilles maisons se dressent, murailles de briques et toitures de tuiles rouges, sous le ciel largement ennuagé. Les constructions de droite sont à contre-jour : celles de gauche, dominées par le dôme d'une église, sont illuminées de soleil. A gauche, deux hommes sont en train de manœuvrer leur barque, qu'ils viennent de détacher des pilotis.

Signé à droite, en bas.

Toile. Haut., 65 cent.; larg., 81 cent.

53 — Le Chemin de halage.

Le long du canal, qui s'étend à gauche entre des rives verdoyantes auxquelles sont amarrés des chalands, s'étend le chemin de halage au sol couvert de machefer. Quelques personnages suivent ce chemin. A droite, au fond, des maisons aux toits de tuiles rouges sont massées, dominées par un moulin. Du même côté, un vol d'oiseaux zigzague dans l'air ; la brume monte, laissant cependant à nu, vers la gauche, un pan d'azur au devant duquel planent des nuées lumineuses, bleues, aériennes.

Signé à droite, en bas.

Toile. Haut., 53 cent. 1/2 ; larg., 65 cent.

54 — Étude pour le « Port de Dieppe ».

Le sol noir de charbon : à gauche, un tas de houille : au milieu et au fond, la potence des grues de déchargement : au milieu, une charrette peinte en bleu, attelée de deux chevaux blancs en flèche. A droite, une cheminée de steamer. Au fond, des constructions dominées par un clocher d'église sous un ciel gris.

Signé à droite, en bas.

Toile. Haut., 54 cent.; larg., 65 cent.

55 — Le Château rouge.

Au bord de l'eau, le château rouge dresse ses murailles de briques à fenêtres garnies de volets pleins peints en vert et sa toiture de tuiles grises. Autour du château, des prés s'étendent, plantés d'arbres à travers les branches dépouillées desquels on aperçoit le ciel tout ennuagé de gris. Quelques feuilles mortes jonchent le sol à droite, ou flottent au premier plan, à la surface de l'eau.

Signé à droite, en bas.

Toile. Haut., 53 cent. 1/2 ; larg., 65 cent.

56 — Les Usines à Christiania.

A gauche, les murs de l'usine en briques rouges : sur le toit, une épaisse couche de neige. Au fond, des collines boisées, avec de longues traînées de neige. Au milieu, la rivière, qui descend, à la surface agitée de mille vagues, enserrée entre des bancs de glace couverts de neige également. Le ciel, qui s'illumine d'un rayon blafard de soleil d'hiver, se réfléchit en lueurs diaprées à la surface de l'eau.

Signé à droite, en bas.

Toile. Haut., 61 cent.; larg., 72 cent. 1 2.

Frits Thaulow

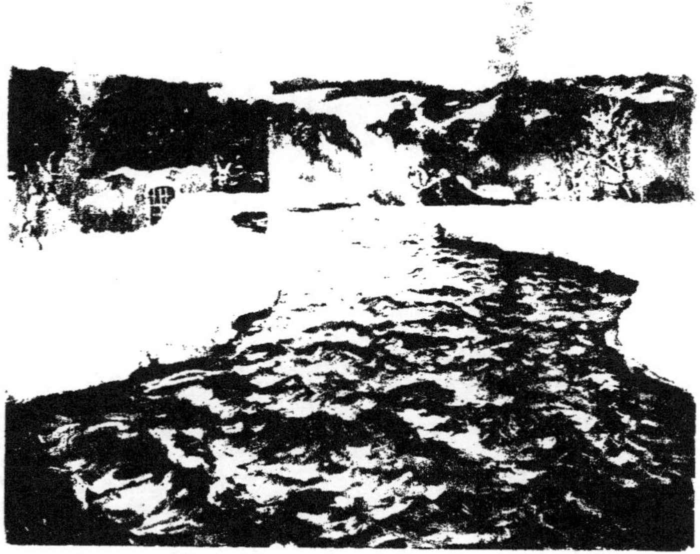

57 — Moulin en Hollande.

Sous un ciel illuminé de soleil couchant et assombri de nuit prochaine, un moulin se dresse sur sa base trapue, dominant le terrain
entouré d'eau. A gauche, amarré au bord d'un îlot, un sloop de pêche
aux voiles brunes. Au fond, la ville, que domine un beffroi, estompé
dans la brume. Au milieu, au fond, à droite et à gauche, de chauds
reflets qui frissonnent à la surface de l'eau.

Signé à gauche, en bas.

Toile. Haut., 54 cent.; larg., 64 cent. 1/2.

58 — Étude pour le « Port de Dieppe ».

Une charrette peinte en bleu et attelée de deux chevaux blancs en
flèche.

Signé à gauche, en bas : *F. T.*

Toile. Haut., 55 cent.; larg., 65 cent.

59 — Environs de Dieppe.

Un tournant de route. Une charrette rouge, que tirent deux chevaux
blancs attelés en flèche. A droite, au bord d'un pré, deux pommiers
qui lèvent vers le ciel lumineux leurs bouquets de branches fleuries.
A gauche, une haie dont l'angle est marqué par un arbre au tronc
duquel est fixée une barrière tournante. Au fond, d'autres arbres,
puis la campagne ensoleillée.

Signé à droite, en bas.

Toile. Haut., 50 cent.; larg., 61 cent.

60 — Une Place à Beaulieu.

Il pleut; dans une ruelle, à gauche, une femme s'éloigne, abritée par
un parapluie. Sur la place, derrière une statue de la Vierge, se trouve
un vieil hôtel du temps de Louis XVI, avec, dans la façade, quelques
éléments sculptés et un balcon de fer. A droite, le mur d'une autre
maison.

Signé à droite, en bas.

Toile. Haut., 45 cent. 1/2; larg., 55 cent.

72 — Le Laitier à Volendam.

Signé à droite, en bas.

Toile. Haut., 41 cent.; larg., 49 cent.

73 — La Sentinelle (fin de jour).

Signé à gauche, en bas.

Toile. Haut., 38 cent.; larg., 45 cent.

74 — L'Escalier de marbre.

Signé à gauche, en bas.

Toile. Haut., 38 cent.; larg., 46 cent.

75 — Village au clair de lune.

Signé à gauche, en bas : *F. T.*

Toile. Haut., 38 cent.; larg., 45 cent. 1/2.

76 — En Corrèze.

Signé à gauche, en bas : *F. T.*

Toile. Haut., 39 cent.; larg., 45 cent. 1/2.

77 — Effet d'orage à Venise.

Signé à gauche, en bas, des initiales : *F. T.*

Toile. Haut., 38 cent.; larg., 45 cent. 1/2.

78 — Lever de lune sur l'Escaut, à Rupelmonde.

Signé à gauche, en bas.

Toile. Haut., 38 cent.; larg., 46 cent.

79 — Marée basse à Ruppelmonde.

Signé à droite, en bas.

Toile. Haut., 37 cent. 1/2; larg., 45 cent. 1/2.

80 — Petit Fort-Philippe.

Signé à gauche, en bas.

Toile. Haut., 38 cent.; larg., 45 cent. 1 2.

81 — Le Vieux saule au bord de la rivière.

Signé à gauche, en bas.

Panneau. Haut., 32 cent.; larg., 39 cent. 1/2.

82 — La Foire à Dunkerque.

Signé à droite, en bas.

Panneau. Haut., 32 cent.; larg., 41 cent.

83 — Les Saules au bord de l'Arques

Signé à gauche, en bas.

Panneau. Haut., 32 cent.; larg., 40 cent.

84 — Pont-l'Évêque (effet de neige).

Signé à droite, en bas, des initiales : *F. T.*

Panneau. Haut., 27 cent.; larg., 32 cent.

85 — Près de Pont-l'Évêque.

Signé à gauche, en bas : *F. T.*

Panneau. Haut., 40 cent.; larg., 32 cent.

86 — Une Place à Dieppe, le soir.

Signé à gauche, en bas.

Panneau. Haut., 32 cent.; larg., 40 cent.

87 — Une Rivière.

Signé à droite, en bas, des initiales : *F. T.*

Panneau. Haut., 32 cent.; larg., 40 cent.

88 — L'Arques, près de Dieppe.

Signé à droite, en bas.

Toile. Haut., 33 cent.; larg., 40 cent. 1/2.

89 — Une Place à Christiania (effet de neige).

Signé à droite, en bas.

Panneau. Haut, 26 cent.; larg., 34 cent. 1/2.

90 — Une Place à Venise.

Signé à droite, en bas.

Toile. Haut., 50 cent.; larg., 64 cent.

91 — Venise.

Signé à gauche, en bas.

Toile. Haut., 46 cent.; larg., 55 cent.

92 — Environs de Christiania.

Signé à gauche, en bas.

Toile. Haut., 46 cent.; larg., 54 cent.

93 — Matinée d'hiver en Norvège.

Signé à droite, en bas.

Toile. Haut., 65 cent.; larg., 81 cent.

94 — Canal en Hollande.

Signé à droite, en bas.

Toile. Haut., 66 cent.; larg., 81 cent.

95 — Environs de Bergues.

Signé à gauche, en bas.

Toile. Haut., 60 cent.; larg., 73 cent.

96 — Fjord à Christiania.

Signé à gauche, en bas.

Toile. Haut., 60 cent.; larg., 74 cent.

97 — Soir d'hiver. Norvège.

Signé à droite, en bas.

Toile. Haut., 65 cent.; larg., 81 cent.

98 — Beaulieu.

Signé à droite, en bas.

Toile. Haut., 65 cent.; larg., 81 cent.

99 — Étangs aux environs de Copenhague.

Signé à gauche, en bas.

Toile. Haut., 65 cent.; larg., 82 cent. 1/2.

100 — Christiania.

Signé à droite, en bas.

Toile. Haut., 46 cent.; larg., 55 cent.

101 — Overschie.

Signé à gauche, en bas : *F. T.*

Toile. Haut., 45 cent.; larg., 55 cent. 1/2.

102 — Rivière à Copenhague.

Signé à droite, en bas.

Toile. Haut., 65 cent.; larg., 81 cent. 1/2.

103 — Ruines près d'Abbeville.

Signé à droite, en bas.

Toile. Haut., 45 cent. 1/2; larg., 55 cent.

104 — La Dordogne.

Signé à droite, en bas.

Toile. Haut., 46 cent.; larg., 55 cent.

105 — Étude de Venise.

Signé à droite, en bas : *F. T.*

Toile. Haut., 45 cent. 1/2 ; larg., 55 cent.

106 — Brouillard du matin (Corrèze).

Signé à droite, en bas.

Toile. Haut., 46 cent.; larg., 55 cent.

107 — Un Pont à Venise.

Signé à gauche, en bas.

Toile. Haut., 49 cent.; larg., 40 cent.

108 — Cordova.

Une rue. Des maisons blanches, percées d'étroites fenêtres et garnies de balcons dont quelques-uns sont fleuris. Un soleil chaud et lourd vient brûler les façades. Au pied des murailles, des gens et des bêtes sont arrêtés ou en marche. Au premier plan, à droite, une fille, le panier au bras droit et la main gauche à la hanche, s'avance comme une fleur épanouie, en châle vert et jupe rouge, de l'incarnadin sur les joues, une rose près de la tempe et un peigne haut planté dans la chevelure châtain.

Signé à gauche, en bas.

Toile. Haut., 46 cent.; larg., 54 cent. 1/2.

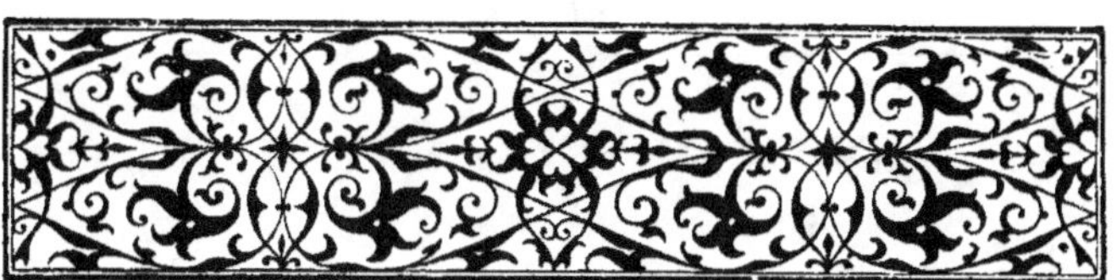

Pastels, Dessin
Gravures en couleurs

---

109 — L'Hiver à Christiania.

Au fond, à gauche, des usines. A droite, quelques arbres qui jaillissent du sol couvert de neige et légèrement en pente. Au milieu, l'eau qui coule sur une bordure de glace.

Pastel.

Signé à gauche, en bas et daté : 87.

Haut., 55 cent. ; larg., 65 cent.

110 — Fjord au clair de lune.

La mer aux vagues remuées dans un spasme puissant ; son eau turbulente laisse émerger des ilots et, plus loin, la côte. A droite, dans l'ombre, un bateau de pêche ; au milieu, des reflets drapés qui tombent du ciel où s'envolent de gros nuages fantomatiques.

Pastel.

Signé à droite, en bas.

Haut., 45 cent.; larg., 55 cent.

111 — Le Banc abandonné (effet de neige).

Signé à droite, en bas.

Pastel.

Haut., 45 cent. ; larg., 55 cent.

112 — Auberge près de Christiania.

Pastel.

Signé à droite, en bas.

Haut., 46 cent.; larg., 54 cent.

113 — Le Vieux passeur.

Pastel.

Signé à droite, en bas.

Haut., 59 cent. ; larg., 73 cent.

114 — Les Mouettes.

Au fond, la cathédrale de Dordrecht émergeant des toitures des maisons. A droite, au premier plan, le quai d'embarquement avec ses pilotis d'amarre. L'eau du fleuve, agité à son embouchure et portant un chaland que remorque un vapeur. Et presque à fleur des petites vagues tourmentées, tout un vol de mouettes.

Dessin au crayon sur papier bleu, avec des rehauts de blanc.

Signé à droite, en bas.

Haut., 57 cent. ; larg., 43 cent.

115 — L'Escalier de marbre, à Venise.

Épreuve d'état, retouchée au pastel de la main de Frits Thaulow, et signée à droite, en bas, dans la marge.

116 — Le Printemps.

Épreuve d'état, retouchée au pastel de la main de Frits Thaulow, et signée à droite, en bas, dans la marge.

117 — Le Mois de Marie.

Épreuve d'état, retouchée au pastel de la main de Frits Thaulow, et signée à droite, en bas, dans la marge.

118 — La Porte de marbre.

Épreuve d'état, signée à droite, en bas, dans la marge.

COLLECTION PARTICULIÈRE

Tableaux

AID (Georges)

119 — Portrait de Lady Hamilton.

Signé à gauche, en bas.

Toile. Haut, 92 cent.; larg., 74 cent.

Salon de 1906.

ANGLADA

120 — Aux Folies-Bergère.

Signé à gauche, en haut.

Panneau. Haut., 52 cent. 1 2; larg., 41 cent.

BACKER (Marcel)

121 — Dans le champ.

Signé à droite, en bas, et daté : *Bosseveg, 05.*

Toile. Haut., 52 cent.; larg., 61 cent.

BLANCHE (Jacques)

122 — Portrait de fillette assise.

Signé à droite, en bas.

Toile. Haut., 71 cent.; larg., 46 cent.

BAERTSOEN

123 — Marée basse.

Signé à droite, en bas.

Toile. Haut., 46 cent.; larg., 67 cent.

BOUDIN

124 — Les Dunes à marée basse.

Au milieu, au premier plan, les dunes. Au fond, la mer, à la surface de laquelle se balancent des barques à voiles; à gauche, au fond, les maisons de la ville, abritées par des collines basses. Dans le ciel, de gros nuages gris.

Signé à gauche, en bas.

Toile. Haut., 53 cent.; larg., 82 cent.

BRUCE (J. W.)

125 — Nature morte.

Signé à gauche, en bas.

Toile. Haut., 65 cent.; larg., 82 cent.

Salon de 1906.

CASTRO

126 — Raisins noirs.

Signé à gauche, en bas.

Carton. Haut., 5o cent. ; larg., 40 cent. 1 2.

CAUVY

127 — La Corbeille d'oranges.

Signé à droite, en haut.

Toile. Haut., 73 cent. ; larg., 60 cent.

Société des Artistes français. Salon de 1906.

DANNENBERG

128 — La Fillette et le singe.

Signé à gauche, en bas.

Toile. Haut., 1 m. 25 ; larg., 75 cent.

FORSTER

129 — Le Chœur final.

Toile. Haut., 60 cent. ; larg., 90 cent.

FOURIÉ (Albert)

130 — Bacchante au soleil.

Signé à gauche, en bas, avec cette dédicace : *A Frits Thaulow, souvenir amical. Albert Fourié, 98.*

Toile. Haut., 55 cent. ; larg., 46 cent.

GAY (Walter)

131 — La Tapisserie.

Signé à gauche, en bas.

Carton. Haut., 40 cent ; larg., 33 cent.

GAY (Walter)

132 — L'Escalier.

Signé à gauche, en bas, avec cette dédicace : *A l'ami F. Thaulow*.

Panneau. Haut . 28 cent.; larg , 35 cent. 1/2.

HARRISON

133 — Venise.

Signé à gauche. en bas.

Toile. Haut., 33 cent.; larg., 41 cent.

HELLEU

134 — Le Plateau d'argent.

Signé à droite. en bas.

Toile. Haut., 65 cent.; larg., 80 cent.

HEYERDHAL

135 — Étude de femme nue en plein air.

Signé à gauche, en bas.

Toile. Haut., 67 cent.; larg., 44 cent.

HOLMBOE

136 — Christiania. Les Usines.

Signé à droite, en bas, et daté : 02.

Toile. Haut., 37 cent.; larg., 62 cent.

KOUSNIETZOFF

137 — Le Troupeau de moutons.

Signé à droite, en bas, et daté : 1892.

Toile. Haut., 44 cent.; larg., 58 cent.

LE BLANT (Julien)

138 — Marché en Corrèze.

Signé à gauche, en bas.

Toile. Haut., 38 cent.; larg., 55 cent.

LEESE (Gertrude)

139 — Le Retour des champs.

Signé à gauche, en bas.

Toile. Haut., 84 cent.; larg., 115 cent.

Salon de 1906.

LEROLLE

140 — Les Saintes.

Signé à droite, en bas, avec cette dédicace : *A mon ami Thaulow*.

Toile. Haut., 72 cent.; larg., 58 cent.

LEROLLE

141 — Pivoines et rhododendrons dans un pré.

Signé à droite, en bas.

Toile. Haut., 53 cent.; larg., 64 cent.

LIEBERMANN

142 — Les Premiers pas.

Signé à gauche, en bas, avec cette dédicace : *A mon ami Thaulow*.

Carton. Haut., 77 cent.; larg., 60 cent.

LLOYD

143 — Le Divan.

Signé à gauche, en bas.

Toile. Haut., 55 cent.; larg., 67 cent.

MILLER

144 — L'Heure de l'apéritif.

A la terrasse d'un café, une jeune femme, à gauche, est assise, en robe de mousseline noire sur une jupe grise : elle est accoudée sur un guéridon de marbre et semble inquiète de sa solitude, qui se prolonge. Derrière elle, une jeunesse debout, en toilette blanche, respire la gaîté et la joie. Près d'elle, va passer une jeune femme au bras d'un homme. Au fond, un fiacre stationne, où va monter une femme vue de dos. Dans le fiacre, une autre femme est déjà installée. A droite, dans les seconds plans, une marchande de fleurs est à son éventaire. Au premier plan, du même côté, un autre guéridon portant des verres et un siphon. Au fond, de l'autre côté du boulevard, la terrasse d'un autre café.

Toile. Haut., 1 m. 22; larg., 1 m. 70.

MONTCOURT (DE)

145 — Le Chasseur en plaine. Montreuil-s/l'Oise.

Signé à gauche, en bas, avec cette dédicace : *A son ami Thaulow.
A. de Moncourt.*

Toile. Haut., 65 cent.; larg., 82 cent.

MORRICE

146 — La Communiante.

Signé à droite, en bas.

Panneau. Haut., 13 cent.; larg., 15 cent. 1 2

MORRICE

147 — Le Jongleur.

Signé à droite, en bas.

Panneau. Haut., 12 cent.; larg., 23 cent.

OBERTEUFFER

148 — Le Foot-Ball.

Signé à droite, en bas, et daté : *Paris, 06.*

Toile. Haut., 65 cent.; larg., 85 cent.

PETERSSEN (EILIF)

149 — Venise.

Signé à droite, en bas : *Venezia, 85.*

Panneau. Haut., 27 cent.; larg., 33 cent.

RAFFAELLI

150 — L'Armée du Salut.

Dans une rue de Londres, autour d'un prédicant de l'Armée du Salut, la foule s'est massée : c'est un amas extraordinaire de têtes grotesques surprises en pleine vérité. Le prédicant est vu de dos. Il est accompagné de quelques autres individus portant comme lui la veste rouge, et voilà qu'à gauche, on commence à chanter des cantiques : les bouches s'ouvrent et les mines affectent une mysticité recueillie de l'effet le plus comique.

Signé à droite, en bas.

Panneau. Haut., 53 cent.; larg., 68 cent.

REIMERSCHMID (RUDOLF)

151 — La Maison blanche.

Signé à gauche, en bas, du monogramme : *R.-R.*

Panneau. Haut., 53 cent.; larg., 64 cent.

ROLL

152 — La Veillée funèbre.

Sous l'Arc de Triomphe, on a installé le catafalque : dans le soir qui tombe, les flammes vertes des trépieds papillonnent plus intenses. La foule se presse autour du monument, mêlée de camelots qui portent des échelles. A gauche, dans le ciel ennuagé, la lune montre son disque lumineux.

Signé à droite, en bas, avec cette dédicace : *A mon ami Thaulow.*

Toile. Haut., 60 cent.; larg., 73 cent.

THARP

153 — Devant le berceau, en Bretagne.

Signé à gauche, en bas, et daté 1904.

Toile. Haut., 40 cent.; larg., 57 cent.

TIEPOLO (École de)

154 — L'Assomption de la Vierge.

Plafond.

Toile. Haut., 1 m. 96; larg., 3 m. 37.

VERENSKIOLD (Érik)

155 — Le Travailleur de la terre.

Signé à gauche, vers le bas.

Panneau. Haut., 45 cent.; larg., 57 cent.

Aquarelles, Pastels
Dessins

BAERTSOEN (SAND)

156 — **Le Vieux pont, à Gand.**

> Signé à droite, en bas, du monogramme, avec cette dédicace :
> *A mon ami Thaulow, 98.*
> Pastel.
>
> Haut., 80 cent.; larg., 93 cent.

CAZIN

157 — **Le Chemin tournant.**

> Dessin à la mine de plomb, sur papier crème.
> Signé à gauche, en bas, et daté : *1883.*
>
> Haut., 24 cent ; larg., 27 cent.

DUHEM (HENRI)

158 — **Les Dizeaux.**

> Signé à droite, en bas, avec cette dédicace : *A M. et Mme Thaulow,
> respectueux hommage de bien vive sympathie,* et daté : *Dannes,
> août 92.*
> Aquarelle.
>
> Haut., 37 cent.; larg., 55 cent.

FROMUTH

159 -- Bateaux de pêche à Concarneau.

Pastel.

Signé en bas, vers la droite; à gauche, le monogramme.

Haut., 60 cent.; larg., 45 cent.

FROMUTH

160 — Dans le port.

Pastel.

Signé à gauche, en bas, et daté : *1897*.

Haut., 46 cent.; larg., 51 cent.

LECHAT

161 — Abbeville.

Aquarelle.

Signé à droite, en bas, et daté : *1904*.

Cadre ancien en bois sculpté.

Haut., 32 cent.; larg., 41 cent.

LIEBERMANN

162 — La Veillée.

Pastel.

Haut., 52 cent.; larg., 68 cent.

MÉNARD

163 — Adam et Ève.

Dessin au crayon de couleur.

Signé à gauche, en bas, avec cette dédicace : *A mon ami Thaulow*.

Haut., 75 cent.; larg., 1 m. 05.

MONTENARD

164 — Fleur de Provence.

Signé à droite, en bas.

Pastel.

Haut., 54 cent.; larg., 72 cent.

STABELL

165 — Un Jardin à Christiania.

Aquarelle.

Signé à gauche, en bas.

Haut., 22 cent.; larg., 28 cent.

VERBOEKHOVEN

166 — Étude de bœuf.

Dessin au crayon, sur papier mais.

Signé à gauche, en bas, du timbre de la vente.

Haut., 51 cent.; larg., 41 cent. 1 2.

Objets d'Art

167 — CANDÉLABRES Louis XVI, à trois lumières : amour portant une corne d'où s'échappent les lumières. Base marbre blanc et bronze doré.

168 — PENDULE CARTEL-APPLIQUE, corne verte, ornée de bronzes dorés. Époque Louis XV.

169 — **Benvenuto Cellini D'après** . Marteau de porte. Bronze.

170 — **Borgersen.** Coupe à deux anses, émail rouge, vert et jaune.

171 — **Borgersen.** Vase ovale allongé rouge, teinté de jaune et de vert.

172 — **Borgersen.** Vase bleuté, forme gourde.

173 — **Claudel.** *Les Causeuses.* Marbre.

174 — **Claudel.** Buste de fillette. Marbre.

175 — **Dalpayrat.** Cendrier. Chimère.

176 — **Dalpayrat**. Vase-citrouille rouge brique et violacé.

177 — **Dalpayrat**. Vase à long col rouge, tigré de vert.

178 — **Dalpayrat**. Vase. Deux tigres se poursuivant.

179 — **Dejean**. Femme assise. Bronze.

180 — **Dejean**. Femme assise. Plâtre.

181 — **Dejean**. Danseuse. Plâtre.

182 — **Dejean**. Femme assise. Plâtre.

183 — **Delaherche**. Grand vase lie-de-vin, à quatre anses, forme d'amphore.

184 — **Delaherche**. Potiche grise craquelée, à décor de feuilles de marronnier.

185 — **Delaherche**. Pichet avec anse.

186 — **Delaherche**. Vasque gris bleuté.

187 — **Delaherche**. Deux assiettes. décor fleurs.

188 — **Delaherche**. Quatre rosaces à embrasses.

189 — **Delaherche**. Petite coupe grise, avec coulées d'émail gris bleu.

190 — **Delaherche**. Vase gris, teinté de bleu, de rouge et de vert.

191 — **Gauguin** (**Paul**). Vase terre : personnages et animaux.

192 — **Constantin Meunier**. Cheval. Bronze.

193 — **Nicolini**. *Demi-mondaine*. Bronze.

194 — **Rodin**. *Saint Jean décapité*. Marbre.

195 — **Rodin**. Groupe. Pierre.

ATELIER

Frits Thaulow

ATELIER

FRITS THAULOW

ORDRE DES VACATIONS

Le Lundi 6 Mai 1907

Tableaux, Pastels, Gravures, par Frits Thaulow. . . N^{os}   1 à 118

Le Mardi 7 Mai 1907

Tableaux, Aquarelles, Pastels, Objets d'art, composant la
collection particulière . . . . N°s 119 à 195

CONDITIONS DE LA VENTE

Elle sera faite au comptant.

Les adjudicataires paieront *dix pour cent* en sus des enchères.

Paris. — Imp. Georges Petit, 12, rue Godot-de-Mauroi. — 17536-07

CATALOGUE

DES

TABLEAUX

Provenant de l'atelier

FRITS THAULOW

ET DES

Tableaux, Aquarelles, Pastels

PAR

JACQUES BLANCHE, BAERTSOEN, BOUDIN, CAZIN, FOURIÉ, WALTER GAY
HARRISON, HELLEU, LEROLLE, LIEBERMANN, MÉNARD, MILLER, RAFFAELLI, ROLL, ETC.

SCULPTURES PAR RODIN — OBJETS D'ART

Composant la collection particulière de M. FRITS THAULOW

et dont la vente, par suite de décès, aura lieu à Paris

GALERIE GEORGES PETIT, 8, rue de Sèze

Les Lundi 6 et Mardi 7 Mai 1907, à 2 heures

COMMISSAIRE-PRISEUR

Mᵉ PAUL CHEVALLIER

10, rue Grange-Batelière, 10

EXPERTS

M. GEORGES PETIT	M. I. MONTAIGNAC
8, rue de Sèze, 8	7, rue Caumartin

EXPOSITIONS

PARTICULIÈRE : *Le Samedi 4 Mai 1907, de 10 heures à 6 heures*
PUBLIQUE : *Le Dimanche 5 Mai 1907, de 10 heures à 6 heures*

FRITS THAULOW

I

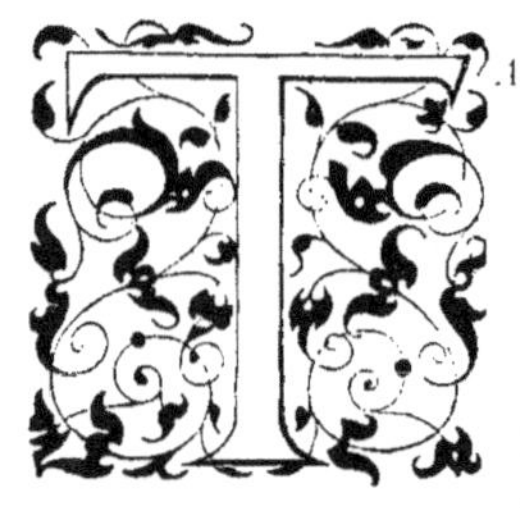

TANDIS que je passais en revue une à une, un matin du mois dernier, toutes les peintures et les quelques pastels plus loin catalogués, je me rappelais, avec un serrement de cœur, le bon géant qu'était Frits Thaulow, avec ses yeux clairs, sa barbe en broussaille, son geste loyal et franc, sa bonhomie joviale et fine, sa gaîté attendrie quand il accueillait un ami, et le bel enthousiasme qui s'emparait de lui lorsqu'il parlait des choses de l'art, l'art sous toutes ses formes, l'art dans ses manifestations les plus diverses, dans ses modes d'expression les plus variés.

Quand il était venu à Paris, vers 1883, déjà célèbre à Christiania, où il avait étudié à l'atelier de Gude, un vieux peintre norvégien qui s'était spécialisé dans le mouvement des vagues, il avait de suite conquis la grande ville : la beauté qui se dégageait de son œuvre et la sympathie qui se dégageait de sa personne, avaient attiré autour de lui des admirateurs convaincus et des amis fidèles, si bien que Paris, qui ne devait être qu'une étape de Thaulow et de sa famille, avant son départ pour Rome, Florence et Venise, devint le but de son voyage ; il y établit ses pénates et ne songea plus guère à partir pour l'Italie. Il est vrai qu'en mettant le pied sur le sol français, dans le Pas-de-Calais, le paysage, les petites maisons blanches, les toits de tuiles rouges avaient séduit son œil de peintre : il s'était arrêté à Camiers pour deux mois, et, sans y songer, il y resta deux ans. Si bien que lorsqu'il entra à Paris, ce Norvégien apportait des tableaux du pittoresque français, comme personne ne l'avait encore regardé, vu, interprété.

Dès lors il fut justement tenu pour un maître, et lorsqu'en 1890 on vit son portrait et celui de Mme Thaulow dans le tableau si tendre, si vivant, si simplement vrai que Roll fit de lui, le public accueillit l'image du Norvégien par un succès tel que Thaulow dut comprendre à quel point il était aimé de tous, si sa modestie ne lui permettait pas encore de comprendre à quel point il méritait de l'être.

Et ce n'était pas seulement dans un cercle restreint d'amateurs qu'il en était ainsi.

Je me rappelle Thaulow, vers 1892, à l'inauguration de l'Université de Lille : il était là, le chef coiffé de son béret d'étudiant de l'Université de Christiania, superbe de santé, d'entrain et d'appétit. Au banquet, les étudiants le portèrent en triomphe devant les autorités, quelque peu surprises d'un pareil élan de jeunesse. Mais Thaulow ne fut-il pas toute sa vie un étudiant, l'étudiant en quête de progrès, en quête de ce mieux à atteindre qui est pour un artiste vrai la loi essentielle de son évolution et le viatique à l'aide duquel son art ne reste pas stationnaire.

Thaulow a toujours étudié, on peut l'affirmer. S'il eut conscience de sa victorieuse maîtrise, il ne s'est jamais endormi sur ses lauriers. Ses heures de repos, il les occupait à faire de la musique avec ses enfants, dont les succès le rendaient fier ; il jouait du violoncelle en professionnel de l'archet ; puis, quand l'heure de la récréation était écoulée, il s'en allait à l'étude. Dans la dernière année de sa vie si brusquement interrompue, on le vit, dans la neige, sur la glace, étudier, étudier toujours, se battre contre les difficultés de l'expression, pour arriver à dire ce qu'il voulait dire et comme il le voulait dire.

II

Et dans les peintures qu'on trouva à son atelier, dans les pages admirables qui sont plus loin décrites, il est là tout entier ; c'est son prodigieux labeur qui apparaît, sans défaillance ; c'est son magnifique effort qui se révèle et rayonne. On le suit dans ses pérégrinations, de Christiania à Copenhague, de Copenhague en Normandie, de Normandie à Paris. Les saisons lui offrent un clavier dont il joue avec une virtuosité stupéfiante ; mais l'hiver surtout le passionne, et la neige lui inspire des variations d'une infinie splendeur. Là où d'autres fussent passés sans remarquer le motif à peindre, il trouve, lui, le cadre plein de grandeur qui sied à son concept esthétique : une usine, un moulin à eau, des murs de briques, des toits de tuiles rouges sous un ciel étincelant du soleil froid d'hiver ; un fleuve qui coule en cascade, avec des mouvements bousculés de petites vagues où s'agitent mille reflets, des glaces brisées dont les lames se suspendent au-dessus du courant comme de fragiles parquets lumineux, des nuages qui enveloppent les choses d'ouates silencieuses et diamantées ; il note tout cela en des morceaux qui sont des chefs-d'œuvre ; sa couleur est éclatante, avec des caresses de velours ; son dessin est d'une synthèse et d'une souplesse qui étonnent ; ses perspectives sont établies avec une sûreté infaillible : l'atmosphère plane sur le tout, légère, transparente, aérienne, et l'on pénètre si parfaitement dans le site qu'il interprète, on y vit, on y respire si naturellement, qu'on ne prend pas la peine de mesurer de quelle somme de travail une réalisation si complète est le témoignage : on n'aperçoit pas l'effort ; on ne devine qu'une inlassable joie de peindre, qu'une volonté vaillante à escalader les obstacles, à accomplir la conquête de l'idéal rêvé.

Thaulow a vu, il a compris et il a senti ; et cette sensation, il nous la communique pleinement, sans hésitation, sans hasard, parce qu'il sait où il veut aller ; il ne cherche pas l'admiration du tour de force ; il veut l'amener dans la vibrante et vivifiante clarté du soleil, dans la communion collective de la nature ; ainsi le chêne aux bras robustes lève son front vers le ciel égayé de la chevauchée des nuages et mire dans l'eau frissonnante ses frondaisons abriteuses de nids, sans se douter que sa contemplation éveille dans l'âme de ceux qui le voient la sereine et apaisante émotion d'un spectacle de beauté.

C'est que, dans l'œuvre d'un paysagiste tel que Thaulow, nous ne goûtons pas seulement un plaisir géographique : le paysage n'est qu'un moyen ; la résultante morale est le but, et ce but, c'est au génie de l'artiste à nous le faire toucher : et s'il y parvient, c'est que, dans sa transposition de la réalité, il nous provoque à de pures joies spiritualistes.

« Nous donnons nos propres qualités à la nature, a écrit un philosophe ; nous disons qu'elle est belle, touchante, harmonieuse, qu'elle possède la symétrie, la proportion, l'ordre, parce que ces qualités sont celles de notre âme, et qu'il nous appartient d'en retrouver l'expression au dehors, dans ce qui n'est pas nous. Et alors nous les prenons, ces mêmes qualités, à la fois en nous-mêmes et dans la nature, pour les transporter dans quelque œuvre qui est la nôtre, pour les réaliser dans l'art, lequel se trouve être à la fois l'expression de la pensée qui demeure en nous, et celle de la pensée qui, émanée de nous-mêmes, est reflétée par la nature. »

En résumé, les paysages, selon la formule de Guyau, ce sont des états d'âmes, et il apparaît clairement qu'il en est ainsi dans les œuvres si belles, si fortes, si émouvantes, que Thaulow avait gardées dans son atelier, ces œuvres qui résument toute sa carrière en une gerbe d'une magnificence insoupçonnée, dont chaque fleur va être dispersée pour l'anthologie des collections qui les guettent.

III

J'ai dit que Thaulow avait conquis à Paris de solides amitiés : on en trouvera la trace dans certaines œuvres de ses contemporains, telle une brillante esquisse de Roll, qui portent la dédicace d'un souvenir affectueux. Mais la collection particulière de Thaulow nous révèle une des plus touchantes qualités de son cœur. Lui qui avait connu des débuts difficiles, lui qui savait combien est précieux un encouragement dans les heures hésitantes et longues où un talent jeune cherche sa voie, il se tenait au courant de tout le mouvement contemporain, il s'arrêtait à toutes les tendances, il avait — chose rare à notre époque — de fraternelles indulgences pour des confrères encore obscurs, et il achetait ; et quand il avait acheté, il s'appliquait, avec une foi éloquente, à défendre les promesses d'avenir qu'il avait devinées : de là toute une série d'œuvres qui s'ajoute aux souvenirs et forme sa collection particulière.

Aussi, au moment où, pour une fois encore, Thaulow occupe de façon si éclatante la scène de l'actualité, ne peut-on se garder d'être attendri sur sa fin si brusque. L'artiste et l'homme, chez lui, ont droit à une part égale de regrets, un regret que nous sentons plus amer à l'instant où son nom va s'illuminer d'un rayonnement plus glorieux.

L. ROGER-MILÈS.

DÉSIGNATION

Tableaux

---

1 — La Nouvelle fabrique, à Lillehamer.

Sur la blancheur de la neige qui couvre tous le pays, l'usine dresse ses murs de briques rouges que le soleil égaye de sa caresse blonde. Au-dessus de l'usine et des constructions voisines, le ciel plane, délicieusement bleu. Et voici qu'entre les lames de glace la chute d'eau précipite sa nappe liquide qui écume. Et la rivière est toute agitée de petites vagues à l'accent sombre, qui disent la masse profonde et souple du courant.

Signé à droite, en bas.

Toile. Haut., 65 cent.; larg., 81 cent.

2 — Route de Beaulieu.

La route file entre une haie d'arbres, au milieu de la campagne verte. Sur le sol, les feuilles mortes mettent leur chanson fauve. Des gens s'en reviennent du marché. A droite, à moitié de la colline, les constructions d'un château et d'une ferme.

Signé à gauche, en bas.

Toile. Haut., 65 cent.; larg., 81 cent.

3 — Fabrique sur la Mesna.

C'est après la tourmente de neige : le ciel s'éclaircit, tandis qu'à droite et à gauche, sur le sol et sur les branches orphelines de feuilles, la neige a déposé son ouate froide en flocons épais. Au fond, les constructions de l'usine, au pied desquelles l'eau coule, frissonnante, tourbillonnante, heurtée. De chaque côté de la rivière, des banquettes de glace restent suspendues à la rive.

Signé à droite, en bas.

Toile. Haut., 65 cent.; larg., 81 cent.

4 — Moulin sur la Mesna.

Le ciel paraît plus rose en ce décor tout blanc de neige. Le moulin, à droite, au fond, dresse sa construction, et l'on devine, à la chute d'eau qui a défendu la rivière contre l'envahissement de la glace, que les meules doivent écraser le grain et mettre leurs grincements assourdis dans cet hiver silencieux.

Signé à gauche, en bas.

Toile. Haut., 65 cent.; larg., 80 cent. 1/2.

5 — Moulins en Hollande.

Au bord de la rivière, les moulins se dressent sous le ciel en partie voilé de nuées grises. A la surface de l'eau, des hommes font glisser des troncs d'arbres équarris. A gauche, au-dessus des roseaux, des buissons mirent dans l'eau leurs frondaisons touffues.

Signé à droite, en bas.

Toile. Haut., 65 cent.; larg., 81 cent.

6 — Canal à Copenhague.

Le long du canal, à gauche et au fond, derrière une rangée d'arbres, des constructions se dressent coiffées d'ardoises ou de tuiles rouges. Sur le bord opposé, à droite, des barques et un bateau à vapeur sont amarrés. Du même côté, un chemin de halage suit le bord, tandis que le sol, à droite, est planté de grands arbres. Dans le ciel, quelques nuées grises.

Signé à droite, en bas, des initiales : *F. T.*

Toile. Haut., 65 cent.; larg., 81 cent.

7 — Environs de Christiania.

A droite, la berge couverte de neige; au fond, la ville couverte de neige; au milieu, passant sous un pont, la rivière toute bleue de reflets qui tombent du ciel d'azur. L'eau est agitée et bat contre le mur d'une construction à gauche, que l'hiver a garni à la base d'une guipure de glace.

Signé à droite, en bas.

Toile. Haut., 65 cent.; larg., 81 cent.

8 — Beaulieu.

Au pied des maisons, au-devant desquelles grimpent des feuillages verts et rouges, la rivière coule, faisant écumer, par dessus le barrage, sa large nappe d'eau souple et lourde. Dans le ciel, l'harmonie grise des nuées.

Signé à droite, en bas.

Toile. Haut., 53 cent.; larg., 81 cent.

9 — Chapelle à Édam.

A gauche, les murs de la chapelle en briques rouges sont percés des petites fenêtres de la communauté. A droite, un pré planté de gros arbres aux feuilles dorées par l'automne. Deux femmes, enveloppées dans de larges capes, s'avancent sur le gazon. Au premier plan, une chaussée pavée et une cour jonchée de feuilles mortes.

Signé à droite, en bas.

Toile. Haut., 39 cent.; larg., 73 cent. 1/2.

10 — Le Marronnier à Quimperlé.

Une anse profondément enfoncée dans la terre : de l'eau calme, pleine de reflets, où se désaltère une vache tachetée de noir et de blanc, que garde une pastoure vêtue de brun et coiffée d'une marmotte blanche. A gauche, le sol qui décline jusqu'au bord de l'eau est vêtu d'herbe verte. Il est dominé par des massifs d'arbres dont la tête dorée dessine des sinuosités sous le ciel bleu léger, transparent, aérien. A droite, au pied d'une colline dont le flanc est hérissé de roches parmi des bruyères roses, deux marronniers se dressent, majestueux, superbes, leurs frondaisons d'automne incendiées par les derniers rayons du soleil qui se couche. Et, dans cette harmonie de calme blond et d'apaisement, c'est une fanfare de cuivre qui éclate, belle, magnifiquement.

Signé à droite, en bas.

Toile. Haut., 60 cent.; larg., 73 cent.

11 — Le Pont d'Avila.

L'eau coule, heurtant les roches qui émergent de sa surface et jouant autour des arches du pont de pierre qui unit ses deux rives. A droite, au bord de l'eau, une construction au toit de tuiles rouges. A gauche, assise sur une pierre, une femme, en robe noire et fichu rouge écoute ce que lui dit une compagne, debout près d'elle, les mains sur les hanches. Au-dessus du pont, dans le ciel bleu, s'envolent d'amples nuées grises.

Signé à droite, en bas.

Toile. Haut., 81 cent.; larg., 1 mètre.

12 — L'Étang à Copenhague.

A gauche, le sol hérissé d'herbe et planté d'arbres aux branches dépouillées de feuilles, qui se tordent, mélancoliques, sous le ciel gris. A droite, l'étang aux eaux frissonnantes, où plongent des reflets et que marquent, au fond, de leur blancheur ailée, deux cygnes arrêtés près des pilotis de leur cahute.

Signé à droite, en bas.

Toile. Haut., 60 cent.; larg., 73 cent.

13 — Environs de Bergues.

Au premier plan et au milieu, l'eau courante qui s'échappe en flots tumultueux et écumants d'une vanne. A droite, dans l'ombre, le sol gazonné qui descend jusqu'à l'eau en pente douce. A gauche, au-dessus de la rive dont les plans de verdure s'étagent, on aperçoit, derrière une rangée d'arbres à la cime fouettée par le vent, les maisons d'une petite ville aux toitures de tuiles rouges et le clocher trapu d'une église coiffée d'ardoises grises. Le ciel est clair, avec d'amples nuées grises et rosées.

Signé à droite, en bas.

Toile. Haut., 60 cent.; larg., 73 cent.

14 — La Dordogne. Eaux basses.

Dans les premiers plans, l'eau agitée, tourbillonnante, qui laisse à découvert des bancs de sable, puis à gauche, au fond, se dressant sur l'écran des collines prochaines, des constructions aux toitures de tuiles brunes, dominées par un petit clocher. A droite, au fond également, un îlot planté de gros arbres, puis l'autre rive boisée. Au-devant du ciel bleu plane un grand nuage d'orage menaçant.

Signé à droite, en bas.

Toile. Haut., 60 cent.; larg., 73 cent.

15 — Overschie.

Sur la longue bande de terre que les canaux semblent resserrer, des gens s'en viennent : hommes, femmes et enfants. Derrière eux se dressent des moulins dominant les maisons basses aux toits de tuiles rouges. A gauche, une barque à voiles vient de doubler le cap d'un îlot au sol verdoyant, planté de quelques saules. Au fond, de l'autre côté du cours d'eau, une ville se dresse, dominée par le clocher d'une église. Dans le ciel, en partie chargé de nuées d'orage, le soleil qui se couche allume la féerie de ses clartés fauves.

Signé à droite, en bas.

Toile. Haut., 81 cent.; larg., 1 mètre.

16 — Péquigny.

Le tournant de la grande rue du village. A droite, à gauche, au fond, les maisons basses aux murs de crépit, aux toits de chaume ou de tuiles rouges. De chaque côté de la rue, un remblai planté de quelques buissons. Au fond, une colline boisée, avec des frondaisons automnales où le soleil met des rutilences d'anciennes orfèvreries d'or. Un ciel clair traversé de nuées blondes.

Signé à droite, en bas.

Toile. Haut., 60 cent.; larg., 73 cent.

17 — Volendam.

Entre des rives resserrées, au bord desquelles se dressent des habitations aux murs de briques, aux toits de tuiles rouges, le canal coule empruntant au ciel et aux choses des reflets miroitants. A gauche, une laveuse agenouillée est en train de tremper son linge, tandis que, derrière elle, debout et calant des deux mains une corbeille contre son flanc, une jeune femme tourne la tête vers le fond, où on aperçoit dans la clarté du jour sur le ciel, se dresser le clocher d'une église.

Signé à gauche, en bas, des initiales : F. T.

Toile. Haut., 60 cent.; larg., 73 cent.

18 — Volendam.

A droite, au fond, c'est un essaim de petites maisons basses et gaies, aux toits pointus couverts de tuiles rouges, qui mirent leurs faces ensoleillées dans l'eau courante. A gauche, sur l'autre rive, une laveuse est en train de tremper son linge. Deux canards hésitent à s'approcher d'elle. Au fond, le canal dessine un coude, et, sur sa rive, les maisons s'alignent basses et percées de petites fenêtres. Le ciel est clair, illuminé de soleil printanier.

Signé à gauche, en bas.

Toile. Haut., 60 cent.; larg., 72 cent. 1,2.

19 — Une Rivière en Norvège.

A droite, aux premiers plans, en avant de massifs boisés, le sol longe la rivière, sable dénudé que les eaux viennent balayer. Deux pièces de bois équarries sont abandonnées là. A gauche, au premier plan, l'eau coule, transparente, faisant flotter à la surface de son miroir frissonnant les reflets du ciel et des choses qui occupent les rives. Au fond, le long de la rive, des massifs d'arbustes couvrent le sol dominé par une chaine de collines aux rocailles moussues. Au bas de la colline se dressent quelques habitations de brique, de plâtre et de tuile.

Signé à droite, en bas.

Toile. Haut., 1 m. 08 1 2 ; larg., 1 m. 85.

20 — Volendam.

Le canal apparait resserré entre les rives aux constructions basses, façades bariolées de blanc, de vert et de brun, toitures de tuiles rouges. Au fond, une passerelle verte agrémente le décor, tandis qu'une ménagère suspend son linge à des cordes pour le faire sécher, une autre, agenouillée sur sa planchette, cause avec un personnage qui manœuvre les deux rames d'une barque. Dans l'eau amplement agitée, le ciel réfléchit son azur enveloppé de nuées blondes.

Signé à droite, en bas.

Toile. Haut., 60 cent.; larg., 73 cent.

21 — Lillehammer.

C'est l'hiver, il y a de la neige, à droite et à gauche, sur les branches aux feuilles tombées, sur les toits des maisons aux façades rouges, brunes et vertes, et, plus loin, sur la montagne que l'on aperçoit au fond. Et, dans le ciel, voici que de gaies clartés s'allument, balayant les nuées blondes qui fuient vers la droite. Au milieu, l'eau du canal coule, agitée, tumultueuse, prenant, à droite et à gauche, les reflets des constructions qui le dominent.

Signé à droite, en bas.

Toile. Haut., 60 cent. ; larg., 73 cent.

22 — Les Récureuses à Beaulieu.

Au bord de l'eau: elles ont apporté leurs bassines et leurs coquemards de cuivre rouge, et la note du métal chante vive sur le sable de
la berge et dans l'harmonie des feuilles vertes. A gauche, une passerelle démolie gît contre les rives du cours d'eau. Au fond, sous le ciel
clair, une colline se dresse.

Signé à droite, en bas.

Toile. Haut., 65 cent.; larg., 81 cent.

23 — Beaulieu.

A gauche et à droite, au bord de l'eau, des massifs de gros arbres
aux frondaisons transparentes. Au fond, au pied des collines, les maisons aux toits de tuiles rouges, et, au milieu, l'eau avec des reflets de
tourbillonnements, des éclats de lumière. Tout un mirage où le ciel
fait jouer l'harmonie radieuse d'un jour d'été qui s'achève.

Signé à droite, en bas.

Toile. Haut., 60 cent. ; long., 73 cent. 1/2

24 — Rivière en Norvège.

Sur la rivière, aux eaux secouées et pleines de reflets, un pont étroit
est jeté. Le long des rives, l'eau vient battre contre des roches. A gauche,
au fond, le sol planté de pins se relève en une colline, et ce sont des
collines également dont on voit, à droite, au fond, la chaine se
dessiner.

Signé à gauche, en bas.

Toile. Haut., 65 cent.; larg., 81 cent. 1 2.

25 — La Dordogne à Beaulieu.

A droite et au premier plan, l'eau courante dessine un coude. A
gauche, au pied de la montagne, derrière un ilot planté d'arbres, on
aperçoit les constructions aux toitures de tuiles brunes.

Signé à droite, en bas.

Toile. Haut., 65 cent. ; larg., 81 cent. 1/2.

26 — Beaulieu.

A gauche de la place, où se dresse une statue, une construction ancienne s'élève de l'autre côté d'un mur percé de deux portes cochères. A droite, au fond, une entrée de rue, au bord de laquelle s'alignent les maisons. Au premier plan, au milieu, une vieille femme s'avance abritée sous un parapluie rouge; quelques autres figures sont indiquées dans le fond.

Signé à droite, en bas.

Toile. Haut., 46 cent.; larg., 55 cent.

27 — Copenhague.

Dans les premiers plans, l'eau agitée où plongent les reflets du ciel profond. Au fond, la ville aux constructions de briques rouges, toute illuminée de lumière et dominée par un clocher.

Signé à droite, en bas.

Toile. Haut., 81 cent.; larg., 65 cent.

28 — Dordrecht.

Le large bassin : à droite, les pilotis d'amarres émergeant de l'eau profonde aux masses secouées. A gauche, un sloop de pêche aux voiles rouges et jaunes. Plus loin un bateau à vapeur dont la cheminée envoie vers le ciel bleu un panache de fumée. Au fond, les quais, puis l'agglomération des petites maisons, puis l'église vaste, aux murailles de briques rouges, percées de baies à l'arc cintré et dominé par un clocher trapu que soutiennent des contreforts.

Signé à gauche, en bas.

Toile. Haut., 81 cent.; larg., 65 cent.

29 — Le Coleone.

Sur la place aux maisons pittoresques, le Coleone dresse sa fière silhouette, si magnifiquement portée par le haut piédestal aux proportions harmonieuses. Au premier plan, se trouve un étalage d'oranges et de citrons dans un panier.

Signé à droite, en bas.

Toile. Haut., 55 cent.; larg., 46 cent.

30 — Vérone.

Les maisons, à droite et au fond, façades peintes et toitures de tuiles rouges, se dressent au bord de l'eau où plongent les reflets profonds. Sous le ciel bleu où s'envolent des nuages lumineux, au fond, on aperçoit les constructions qui dominent une colline.

Signé à droite, en bas.

Toile. Haut., 55 cent.; larg., 46 cent 1,2.

31 — Issoudun.

Une ruelle tout égayée de soleil; des maisons dont les murs s'agrémentent de plantes grimpantes. Au fond, au tournant, le long d'un bois, une femme s'éloigne, protégée par un parapluie.

Signé à droite, en bas.

Toile. Haut., 55 cent.; larg., 46 cent.

32 — Les Bords de l'Hautie; effet de lune.

Dans le ciel clair, parmi les branches, la lune fait étinceler ses reflets d'argent à la surface de l'eau qui coule entre des rives enserrées; des clartés frissonnent, multiples et variées. Dans la pénombre, à gauche, on aperçoit des constructions, dont une, celle du fond, a ses fenêtres éclairées.

Signé à droite, en bas.

Toile. Haut., 55 cent.; larg., 46 cent.

33 — Après la pluie, Dordrecht.

A gauche, sur le quai planté d'arbres, les pavés mouillés sont de place en place jonchés de feuilles mortes. Le long du quai, que suit une femme abritée par son parapluie, les maisons se dressent, alignées, façades de briques rouges ou fenêtres vertes dans un chambranle jaune. Au fond, à droite, de l'autre côté du bassin, la ville est massée, dominée par le clocher de l'église. Au milieu, contre le quai, un chaland est amarré. Le vent roule dans le ciel des nuées grises menaçantes.

Signé à gauche, en bas.

Toile. Haut., 65 cent.; larg., 81 cent.

34 — Volendam.

Des bateaux de pêche amarrés au bord du canal. Les mats de ces bateaux se réfléchissent dans l'eau frissonnante en silhouettes agitées.

Signé à gauche, en bas : *F. T.*

Toile. Haut., 46 cent.; larg., 54 cent.

35 — Christiania.

C'est l'hiver : le sol est couvert de neige. Au bord du quai, un steamer est amarré. Sur le quai, des chevaux attelés à de petits traineaux.

Signé à droite, en bas : *F. T.*

Toile. Haut., 46 cent.; larg., 54 cent.

36 — Péquigny.

A gauche, la vieille église, vue par le chevet, avec ses fenêtres de style ogival secondaire. A droite, sur le chemin qui tourne, on voit s'avancer une procession que des gens recueillis regardent passer.

Signé à droite, en bas.

Toile. Haut., 45 cent. 1 2 ; larg., 55 cent. 1 2.

37 — Brétinon (Corrèze).

À droite, sur le haut d'une berge qui descend en pente douce vers l'eau, les vieilles maisons sont alignées et, la façade caressée de soleil, regardent couler la Corrèze, qui, en cet endroit, dessine un coude. Au fond, sur l'autre rive, un bois s'étend, aux arbres chargés de frondaisons printanières.

Signé à droite, en bas.

Toile. Haut., 45 cent. 1/2 ; larg., 55 cent.

38 — Soleil d'hiver en Norvège.

De la neige partout, à gauche, à droite, sur les murs, sur les toits, sur les branches d'arbres, sur le sol mouvementé que dominent, au fond, des arbres aux branches dépouillées. A gauche, une haute construction, en avant de laquelle s'élèvent un tambour de bois rouge et une maisonnette de brique. Au premier plan, la rivière coule tumultueuse sous un plancher de glace dont la partie médiane a été brisée.

Signé à droite, en bas.

Toile. Haut., 65 cent. ; larg., 82 cent.

39 — En Corrèze.

Au bord de la rivière, toute pleine de reflets et de clartés, les vieilles constructions se dressent, aux charpentes apparentes soutenant les toits de tuiles rouges. A gauche, au fond, abritée par une colline, l'église élance son clocher sous le ciel gris où passent des nuées blondes.

Signé à droite, en bas.

Toile. Haut., 46 cent.; larg., 55 cent.

40 — Place d'Abbeville.

A gauche et au fond, les vieilles maisons étroites et hautes, où se mêlent le double archaïsme du style des Flandres et de la domination espagnole. Au milieu, le monument dédié à la mémoire de l'amiral Courbet. Autour du terre-plein occupé par le monument, des fiacres sont en station. Il pleut, il vente, et les passants ont peine à s'abriter sous leurs parapluies.

Signé à gauche, en bas.

Toile. Haut., 46 cent.; larg., 55 cent.

41 — Ferme près de Saint-Martin-l'Église.

A gauche, au fond, la ferme aux constructions basses, entourée d'arbres en fleurs. Au premier plan, un pré tout émaillé de fleurs, où un cheval blanc a été mis au vert.

Signé à droite, en bas.

Toile. Haut., 45 cent. 1 2 larg., 55 cent.

42 — Dieppe.

La place au milieu de laquelle se dresse la statue de Jean Bart. A droite, l'église, avec l'amorce d'une rue. Au fond, derrière la statue, la masse des constructions. Le long du trottoir de l'église, une femme a installé son éventaire. Dans la rue, d'autres figures.

Signé à droite, en bas : *F. T.*

Toile. Haut., 46 cent.; larg., 55 cent.

43 — Fin de jour, l'hiver, en Norvège.

A gauche, le long de la rivière, l'usine se dresse, son toit couvert de neige. A droite, une autre usine apparaît, et, d'un chariot qu'on vient d'amener, des charbons incandescents mettent une lueur fauve dans ce coin d'ombre : le ciel est éclairé par les derniers rayons du jour et dans l'eau on voit miroiter les regards pâles du soleil d'hiver.

Signé à droite, en bas.

Toile. Haut., 65 cent.; larg., 61 cent.

44 — Un Canal en Hollande.

Dans le jour qui se lève, l'atmosphère, au fond, à droite, est encore enveloppée de brume. Au premier plan, des canards se promènent dans l'eau du canal, au bord duquel se dressent des maisons basses et des moulins assis sur leurs bases solides. Les toits sont rouges avec de la tuile, ou gris avec de l'ardoise, et les reflets qui émanent d'eux frissonnent à la surface de l'eau. Dans le ciel, il y a des roseurs tendres d'un jour d'automne.

Signé à droite, en bas.

Toile. Haut., 64 cent.; larg., 80 cent. 1 2.

45 — Village en Corrèze.

Une rue, de chaque côté de laquelle se dressent des maisons de brique. Au fond, un tournant de la rue et d'autres maisons aux toitures grises sur un ciel ennuagé. Le sol est encore humide des averses dernières.

Signé à droite, en bas.

Toile. Haut., 55 cent.; larg., 46 cent.

46 — Village normand.

Au premier plan et à droite, la route qui tourne, bordée à droite par un bois, à gauche par les maisonnettes coiffées de tuiles rouges. A gauche également, un pommier en fleurs dessine ses branches impérieuses sur un fond de toits de chaume. Le ciel est encore embrumé et traversé par un rayon rose d'aurore.

Sur la route, un paysan et une paysanne s'éloignent.

Signé à droite, en bas.

Toile. Haut., 54 cent. 1 2; larg., 46 cent.

47 — Une Rue au clair de lune.

A droite, le long des buissons qu'une haie maintient au bord de la
route, un couple se promène. A gauche, sur l'autre côté de la rue qui
dessine un coude, des maisons basses coiffées de tuiles rouges reçoivent
sur leur crépit vieilli la pâle et caressante clarté des reflets lunaires.
Et plus haut, c'est le ciel, le ciel immense tout éclairé, avec la chevauchée de nuages aériens sur l'écran d'azur profond, piqué de place
en place des clous d'or des étoiles.

Signé à gauche, en bas.

Toile. Haut., 65 cent.; larg., 81 cent.

48 — Une Rue à Issoudun.

De chaque côté de la petite rue, les vieilles maisons sont alignées.
Aux façades du côté gauche, le soleil couchant vient donner sa caresse
blonde. Dans le ciel déjà enveloppé de pénombre, la lune commence
à se montrer. Une femme, vêtue d'une cape noire, s'éloigne dans la rue.

Signé à droite, en bas.

Toile. Haut., 45 cent. 1 2; larg., 38 cent.

49 — Canal à Venise.

Au bord du canal, que domine une maison de briques rouges, une
gondole est amarrée, et le gondolier, assis sur les marches du quai,
attend, les bras croisés.

Signé à droite, en bas.

Toile. Haut., 38 cent.; larg., 46 cent.

50 — Une Rue à Venise.

Une ruelle à Venise. Dans un retrait, des filles et des femmes sont
assises et travaillent autour d'une table. Près d'une laveuse, un gamin
est campé, vu de dos ; plus loin, deux commères sont assises près de
leur porte. Des linges de couleur sont à sécher sur des cordes. Plus
haut que les maisons aux murs gris et roses, on aperçoit le ciel clair.

Signé à droite, en bas.

Toile. Haut., 45 cent. 1 2; larg., 38 cent.

4

51 — Audenarde, le soir.

La rivière coule, entre ses bords étroits tout garnis de buissons. Au fond, dans le haut d'un terrain en pente, s'élèvent des constructions aux murs de crépit.

Signé à gauche, en bas.

Toile. Haut., 45 cent. 1/2 ; larg., 57 cent.

52 — Vieilles maisons à Dordrecht.

Au bord du fleuve, marqué de place en place par les pilotis d'amarre, les vieilles maisons se dressent, murailles de briques et toitures de tuiles rouges, sous le ciel largement ennuagé. Les constructions de droite sont à contre-jour : celles de gauche, dominées par le dôme d'une église, sont illuminées de soleil. A gauche, deux hommes sont en train de manœuvrer leur barque, qu'ils viennent de détacher des pilotis.

Signé à droite, en bas.

Toile. Haut., 65 cent.; larg., 81 cent.

53 — Le Chemin de halage.

Le long du canal, qui s'étend à gauche entre des rives verdoyantes auxquelles sont amarrés des chalands, s'étend le chemin de halage au sol couvert de mâchefer. Quelques personnages suivent ce chemin. A droite, au fond, des maisons aux toits de tuiles rouges sont massées, dominées par un moulin. Du même côté, un vol d'oiseaux zigzague dans l'air : la brume monte, laissant cependant à nu, vers la gauche, un pan d'azur au devant duquel planent des nuées lumineuses, bleues, aériennes.

Signé à droite, en bas.

Toile. Haut., 53 cent. 1/2 ; larg., 65 cent.

54 — Étude pour le « Port de Dieppe ».

Le sol noir de charbon : à gauche, un tas de houille ; au milieu et au
fond, la potence des grues de déchargement : au milieu, une charrette
peinte en bleu, attelée de deux chevaux blancs en flèche. A droite,
une cheminée de steamer. Au fond, des constructions dominées par
un clocher d'église sous un ciel gris.

Signé à droite, en bas.

Toile. Haut., 54 cent.; larg., 65 cent.

55 — Le Château rouge.

Au bord de l'eau, le château rouge dresse ses murailles de briques
à fenêtres garnies de volets pleins peints en vert et sa toiture de tuiles
grises. Autour du château, des prés s'étendent, plantés d'arbres à
travers les branches dépouillées desquels on aperçoit le ciel tout
ennuagé de gris. Quelques feuilles mortes jonchent le sol à droite, ou
flottent au premier plan, à la surface de l'eau.

Signé à droite, en bas.

Toile. Haut., 53 cent. 1/2; larg., 65 cent.

56 — Les Usines à Christiania.

A gauche, les murs de l'usine en briques rouges : sur le toit, une
épaisse couche de neige. Au fond, des collines boisées, avec de
longues traînées de neige. Au milieu, la rivière, qui descend, à la
surface agitée de mille vagues, enserrée entre des bancs de glace couverts de neige également. Le ciel, qui s'illumine d'un rayon blafard de
soleil d'hiver, se réfléchit en lueurs diaprées à la surface de l'eau.

Signé à droite, en bas.

Toile. Haut., 61 cent.; larg., 72 cent. 1/2.

57 — Moulin en Hollande.

Sous un ciel illuminé de soleil couchant et assombri de nuit prochaine, un moulin se dresse sur sa base trapue, dominant le terrain entouré d'eau. A gauche, amarré au bord d'un îlot, un sloop de pêche aux voiles brunes. Au fond, la ville, que domine un beffroi, estompé dans la brume. Au milieu, au fond, à droite et à gauche, de chauds reflets qui frissonnent à la surface de l'eau.

Signé à gauche, en bas.

Toile. Haut., 54 cent.; larg., 64 cent. 1/2.

58 — Étude pour le « Port de Dieppe ».

Une charrette peinte en bleu et attelée de deux chevaux blancs en flèche.

Signé à gauche, en bas : *F. T.*

Toile. Haut., 55 cent.; larg., 65 cent.

59 — Environs de Dieppe.

Un tournant de route. Une charrette rouge, que tirent deux chevaux blancs attelés en flèche. A droite, au bord d'un pré, deux pommiers qui lèvent vers le ciel lumineux leurs bouquets de branches fleuries. A gauche, une haie dont l'angle est marqué par un arbre au tronc duquel est fixée une barrière tournante. Au fond, d'autres arbres, puis la campagne ensoleillée.

Signé à droite, en bas.

Toile. Haut., 50 cent.; larg., 61 cent.

60 — Une Place à Beaulieu.

Il pleut; dans une ruelle, à gauche, une femme s'éloigne, abritée par un parapluie. Sur la place, derrière une statue de la Vierge, se trouve un vieil hôtel du temps de Louis XVI, avec, dans la façade, quelques éléments sculptés et un balcon de fer. A droite, le mur d'une autre maison.

Signé à droite, en bas.

Toile. Haut., 45 cent. 1/2; larg., 55 cent.

61 — Un Pont à Burgos.

Sur l'eau agitée du Guadalquivir, le pont de briques à construction féodale arrondit ses arches de pierre au dos chargé de briques rouges. Au fond, à gauche, sous un ciel gris, on aperçoit les collines basses aux flancs vêtus de verdure.

Signé à gauche, en bas.

Toile. Haut., 46 cent. ; larg., 55 cent.

62 — Étude pour « les Laveuses à Quimperlé ».

Au bord du quai, les laveuses, agenouillées et vues de dos, bavardent en trempant leur linge qu'elles mettront après dans des baquets alignés derrière elles.

Signé à gauche, en bas : *F. T.*

Carton. Haut., 38 cent. ; larg., 54 cent.

63 — Norvège. Vingt degrés de froid.

Au flanc de la colline, les maisonnettes dressent, sur la blancheur du sol couvert de neige, leurs faces roses et rouges. A gauche, un massif d'arbustes est poudré à blanc. Au-dessus de cette nature, on voit s'élever d'une cheminée un nuage de fumée qui se perd dans l'azur tendre du ciel.

Signé à droite, en bas.

Toile. Haut., 46 cent.; larg., 55 cent.

64 — Canal Saint-Martin.

Le long des quais, les maisons s'alignent, usines et vieilles bâtisses où s'entassent les industries. Au milieu, dans le bief du canal, des chalands sont amarrés, attendant que le passage soit fait. Au premier plan, à droite, le chemin de halage est couvert de neige : un câble est attaché à une poutre d'amarre. A travers les brumes qui s'envolent dans l'atmosphère, le ciel apparait rosé. A la surface de l'eau, les images des rives se réfléchissent en lignes agitées.

Signé à droite, en bas.

Toile. Haut., 45 cent. 1 2; larg., 55 cent.

65 — Christiania. Le Moulin à eau.

De chaque côté de la rivière, des usines sont construites, briques rouges, appentis de bois bruns, toitures enlinceulées de neige qui se réfléchissent dans l'eau agitée et miroitante. Au fond, escaladant un barrage, l'eau tombe en chutes après avoir animé le mécanisme d'une usine voisine. Dans le ciel, il y a des brumes fauves qui annoncent une neige prochaine.

Signé à droite, en bas.

Toile. Haut., 46 cent.; larg., 54 cent. 1/2.

66 — Les Potirons.

Signé à droite, en bas.

Toile. Haut., 40 cent.; larg., 51 cent.

67 — Pittsburg.

Signé à droite, en bas, des initiales : *F. T.*

Toile. Haut., 40 cent. 1/2 ; larg., 51 cent.

68 — Pittsburg. Les Fumées.

Signé à droite, en bas.

Toile. Haut., 41 cent.; larg., 51 cent.

69 — Pittsburg.

Signé à gauche, en bas.

Toile. Haut., 40 cent. ; larg., 51 cent.

70 — Alleghany River.

Signé à droite, en bas.

Toile. Haut., 40 cent. 1/2 ; larg., 50 cent.

71 — Overschie.

Signé à droite, en bas

Toile. Haut., 41 cent.; larg., 49 cent.

72 — Le Laitier à Volendam.

Signé à droite, en bas.

Toile. Haut., 41 cent.; larg., 49 cent.

73 — La Sentinelle (fin de jour).

Signé à gauche, en bas.

Toile. Haut., 38 cent.; larg., 45 cent.

74 — L'Escalier de marbre.

Signé à gauche, en bas.

Toile. Haut., 38 cent.: larg., 46 cent.

75 — Village au clair de lune.

Signé à gauche, en bas : *F. T.*

Toile. Haut., 38 cent.; larg., 45 cent. 1 2.

76 — En Corrèze.

Signé à gauche, en bas : *F. T.*

Toile. Haut., 39 cent.; larg., 45 cent. 1 2.

77 — Effet d'orage à Venise.

Signé à gauche, en bas, des initiales : *F. T.*

Toile. Haut., 38 cent.; larg., 45 cent. 1 2.

78 — Lever de lune sur l'Escaut, à Rupelmonde.

Signé à gauche, en bas.

Toile. Haut., 38 cent.; larg., 46 cent.

79 — Marée basse à Ruppelmonde.

Signé à droite, en bas.

Toile. Haut., 37 cent. 1 2; larg., 45 cent. 1/2.

80 — Petit Fort-Philippe.

Signé à gauche, en bas.

Toile. Haut., 38 cent.; larg., 45 cent. 1/2.

81 — Le Vieux saule au bord de la rivière.

Signé à gauche, en bas.

Panneau. Haut., 32 cent. ; larg., 40 cent. 1/2.

82 — La Foire à Dunkerque.

Signé à droite, en bas.

Panneau. Haut., 32 cent.; larg., 41 cent.

83 — Les Saules au bord de l'Arques

Signé à gauche, en bas.

Panneau. Haut., 32 cent.; larg., 40 cent.

84 — Pont-l'Évêque (effet de neige).

Signé à droite, en bas, des initiales : *F. T.*

Panneau. Haut., 31 cent.; larg., 32 cent.

85 — Près de Pont-l'Évêque.

Signé à gauche, en bas : *F. T.*

Panneau. Haut., 40 cent.; larg., 32 cent.

86 — Une Place à Dieppe, le soir.

Signé à gauche, en bas.

Panneau. Haut., 32 cent.; larg., 40 cent.

87 — Une Rivière.

Signé à droite, en bas, des initiales : *F. T.*

Panneau. Haut., 32 cent.; larg., 40 cent.

88 — L'Arques, près de Dieppe.

Signé à droite, en bas.

Toile. Haut., 33 cent.; larg., 40 cent. 1 2.

89 — Une Place à Christiania (effet de neige).

Signé à droite, en bas.

Panneau. Haut., 26 cent.; larg., 34 cent. 1 2.

90 — Une Place à Venise.

Signé à droite, en bas.

Toile. Haut., 50 cent.; larg., 64 cent.

91 — Venise.

Signé à gauche, en bas.

Toile. Haut., 46 cent.; larg., 55 cent.

92 — Environs de Christiania.

Signé à gauche, en bas.

Toile. Haut., 46 cent.; larg., 54 cent.

93 — Matinée d'hiver en Norvège.

Signé à droite, en bas.

Toile. Haut., 65 cent.; larg., 81 cent.

94 — Canal en Hollande.

Signé à droite, en bas.

Toile. Haut., 66 cent.; larg., 81 cent.

95 — Environs de Bergues.

Signé à gauche, en bas.

Toile. Haut., 60 cent.; larg., 73 cent.

96 — Fjord à Christiania.

Signé à gauche, en bas.

Toile. Haut., 60 cent.; larg., 74 cent.

97 — Soir d'hiver. Norvège.

Signé à droite, en bas.

Toile. Haut.. 65 cent.; larg., 81 cent.

98 — Beaulieu.

Signé à droite, en bas.

Toile. Haut., 65 cent.; larg., 81 cent.

99 — Étangs aux environs de Copenhague.

Signé à gauche, en bas.

Toile. Haut., 65 cent.; larg., 82 cent. 1/2.

100 — Christiania.

Signé à droite, en bas.

Toile. Haut., 46 cent.; larg., 55 cent.

101 — Overschie.

Signé à gauche, en bas : *F. T.*

Toile. Haut., 43 cent.; larg., 55 cent. 1/2.

102 — Rivière à Copenhague.

Signé à droite, en bas.

Toile. Haut.. 65 cent.; larg., 81 cent. 1/2.

103 — Ruines près d'Abbeville.

Signé à droite, en bas.

Toile. Haut., 45 cent. 1/2; larg., 55 cent.

104 — La Dordogne.

Signé à droite, en bas.

Toile. Haut., 46 cent.; larg., 55 cent.

105 — Étude de Venise.

Signé à droite, en bas : *F. T.*

Toile. Haut., 45 cent. 1/2; larg., 55 cent.

106 — Brouillard du matin (Corrèze).

Signé à droite, en bas.

Toile. Haut., 46 cent.; larg., 55 cent.

107 — Un Pont à Venise.

Signé à gauche, en bas.

Toile. Haut., 49 cent.; larg., 40 cent.

108 — Cordova.

Une rue. Des maisons blanches, percées d'étroites fenêtres et garnies de balcons dont quelques-uns sont fleuris. Un soleil chaud et lourd vient brûler les façades. Au pied des murailles, des gens et des bêtes sont arrêtés ou en marche. Au premier plan, à droite, une fille, le panier au bras droit et la main gauche à la hanche, s'avance comme une fleur épanouie, en châle vert et jupe rouge, de l'incarnadin sur les joues, une rose près de la tempe et un peigne haut planté dans la chevelure châtain.

Signé à gauche, en bas.

Toile. Haut., 46 cent.; larg., 54 cent. 1/2.

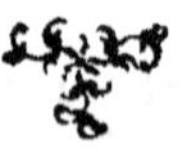

Pastels, Dessin
Gravures en couleurs

---

109 — L'Hiver à Christiania.

Au fond, à gauche, des usines. A droite, quelques arbres qui jaillissent du sol couvert de neige et légèrement en pente. Au milieu, l'eau qui coule sur une bordure de glace.

Pastel.

Signé à gauche, en bas et daté : 89.

Haut., 53 cent. 1/2 ; larg., 64 cent.

110 — Fjord au clair de lune.

La mer aux vagues remuées dans un spasme puissant : son eau turbulente laisse émerger des îlots et, plus loin, la côte. A droite, dans l'ombre, un bateau de pêche ; au milieu, des reflets drapés qui tombent du ciel où s'envolent de gros nuages fantômatiques.

Pastel.

Signé à droite, en bas.

Haut., 45 cent.; larg., 53 cent. 1/2.

111 — Le Banc abandonné (effet de neige).

Signé à droite, en bas.

Pastel.

Haut., 45 cent. 1/2 ; larg., 53 cent.

112 — Auberge près de Christiania.

Pastel.

Signé à droite, en bas.

Haut., 46 cent.; larg., 54 cent.

113 — Le Vieux passeur.

Pastel.

Signé à droite, en bas.

Haut., 59 cent.; larg., 73 cent.

114 — Les Mouettes.

Au fond, la cathédrale de Dordrecht émergeant des toitures des maisons. A droite, au premier plan, le quai d'embarquement avec ses pilotis d'amarre. L'eau du fleuve, agité à son embouchure et portant un chaland que remorque un vapeur. Et presque à fleur des petites vagues tourmentées, tout un vol de mouettes.

Dessin au crayon sur papier bleu, avec des rehauts de blanc.

Signé à droite, en bas.

Haut., 57 cent.; larg., 45 cent.

115 — L'Escalier de marbre, à Venise.

Épreuve d'état, retouchée au pastel de la main de Frits Thaulow, et signée à droite, en bas, dans la marge.

116 — Le Printemps.

Épreuve d'état, retouchée au pastel de la main de Frits Thaulow, et signée à droite, en bas, dans la marge.

117 — Le Mois de Marie.

Épreuve d'état, retouchée au pastel de la main de Frits Thaulow,
et signée à droite, en bas, dans la marge.

118 — La Porte de marbre.

Épreuve d'état, signée à droite, en bas, dans la marge.

COLLECTION PARTICULIÈRE

Tableaux

AID (Georges)

119 — Portrait de Lady Hamilton.

Signé à gauche, en bas.

Toile. Haut. 92 cent.; larg., 74 cent.

Salon de 1906.

ANGLADA

120 — Aux Folies-Bergère.

Signé à gauche, en haut.

Panneau. Haut., 32 cent. 1 2; larg., 41 cent.

BACKER (Marcel)

121 — Dans le champ.

Signé à droite, en bas, et daté : *Bosseveg. 05.*

Toile. Haut., 52 cent.; larg., 61 cent.

BLANCHE (Jacques)

122 — Portrait de fillette assise.

Signé à droite, en bas.

Toile. Haut., 71 cent.; larg., 46 cent.

BAERTSOEN

123 — Marée basse.

Signé à droite, en bas.

Toile. Haut., 46 cent.; larg., 67 cent.

BOUDIN

124 — Les Dunes à marée basse.

Au milieu, au premier plan, les dunes. Au fond, la mer, à la surface de laquelle se balancent des barques à voiles ; à gauche, au fond, les maisons de la ville, abritées par des collines basses. Dans le ciel, de gros nuages gris.

Signé à gauche, en bas.

Toile. Haut., 53 cent.; larg., 82 cent.

BRUCE (J. W.)

125 — Nature morte.

Signé à gauche, en bas.

Toile. Haut., 65 cent.; larg., 82 cent.

Salon de 1906.

CASTRO

126 — Raisins noirs.

Signé à gauche, en bas.

Carton. Haut., 30 cent.; larg., 40 cent. 1 2.

CAUVY

127 — La Corbeille d'oranges.

Signé à droite, en haut.

Toile. Haut., 73 cent.; larg., 60 cent.

Société des Artistes français. Salon de 1906.

DANNENBERG

128 — La Fillette et le singe.

Signé à gauche, en bas.

Toile. Haut., 1 m. 23; larg., 95 cent.

FORSTER

129 — Le Chœur final.

Toile. Haut., 60 cent.; larg., 90 cent.

FOURIÉ (Albert)

130 — Bacchante au soleil.

Signé à gauche, en bas, avec cette dédicace : *A Frits Thaulow, souvenir amical. Albert Fourié. 93.*

Toile. Haut., 55 cent.; larg., 46 cent.

GAY (Walter)

131 — La Tapisserie.

Signé à gauche, en bas.

Carton. Haut., 40 cent ; larg., 33 cent.

GAY (Walter)

132 — L'Escalier.

Signé à gauche, en bas, avec cette dédicace : *A l'ami F. Thaulow.*

Panneau. Haut., 28 cent.; larg., 35 cent. 1/2.

HARRISON

133 — Venise.

Signé à gauche, en bas.

Toile. Haut., 33 cent.; larg., 41 cent.

HELLEU

134 — Le Plateau d'argent.

Signé à droite, en bas.

Toile. Haut., 65 cent.; larg., 80 cent.

HEYERDHAL

135 — Etude de femme nue en plein air.

Signé à gauche, en bas.

Toile. Haut., 67 cent.; larg., 44 cent.

HOLMBOE

136 — Christiania. Les Usines.

Signé à droite, en bas, et daté : *02*.

Toile. Haut., 57 cent. 1/2; larg., 63 cent.

KOUSNIETZOFF

137 — Le Troupeau de moutons.

Signé à droite, en bas. et daté : *1892*.

Toile. Haut., 44 cent.; larg., 58 cent.

LE BLANT (Julien)

138 — Marché en Corrèze.

Signé à gauche, en bas.

Toile. Haut., 38 cent.; larg., 55 cent. 1/2.

LEESE (Gertrude)

139 — Le Retour des champs.

Signé à gauche, en bas.

Toile. Haut., 84 cent. ; larg., 67 cent.

Salon de 1906.

LEROLLE

140 — Les Saintes.

Signé à droite, en bas, avec cette dédicace : *A mon ami Thaulow*.

Toile. Haut., 72 cent.; larg., 58 cent.

LEROLLE

141 — Pivoines et rhododendrons dans un pré.

Signé à droite, en bas.

Toile. Haut., 53 cent.; larg., 64 cent.

LIEBERMANN

142 — Les Premiers pas.

Signé à gauche, en bas, avec cette dédicace : *A mon ami Thaulow*.

Carton. Haut., 77 cent.; larg., 60 cent.

LLOYD

143 — Le Divan.

Signé à gauche, en bas.

Toile. Haut., 55 cent.; larg., 67 cent.

MILLER

144 — L'Heure de l'apéritif.

A la terrasse d'un café, une jeune femme, à gauche, est assise, en robe de mousseline noire sur une jupe grise : elle est accoudée sur un guéridon de marbre et semble inquiète de sa solitude, qui se prolonge. Derrière elle, une jeunesse debout, en toilette blanche, respire la gaîté et la joie. Près d'elle, va passer une jeune femme au bras d'un homme. Au fond, un fiacre stationne, où va monter une femme vue de dos. Dans le fiacre, une autre femme est déjà installée. A droite, dans les seconds plans, une marchande de fleurs est à son éventaire. Au premier plan, du même côté, un autre guéridon portant des verres et un siphon. Au fond, de l'autre côté du boulevard, la terrasse d'un autre café.

Toile. Haut., 1 m. 22; larg., 1 m. 70.

MONTCOURT (DE)

145 — Le Chasseur en plaine. Montreuil-s/l'Oise.

Signé à gauche, en bas, avec cette dédicace : *A son ami Thaulow*. *A. de Moncourt*.

Toile. Haut., 65 cent.; larg., 82 cent.

MORRICE

146 — La Communiante.

Signé à droite, en bas.

Panneau. Haut., 13 cent. ; larg., 15 cent. 1/2.

MORRICE

147 — Le Jongleur.

Signé à droite, en bas.

Panneau. Haut., 32 cent.; larg., 23 cent.

OBERTEUFFER

148 — Le Foot-Ball.

Signé à droite, en bas, et daté : *Paris, 06*.

Toile. Haut., 65 cent.; larg., 83 cent.

PETERSSEN (Eilif)

149 — Venise.

Signé à droite, en bas : *Venezia, 85*.

Panneau. Haut., 27 cent.; larg., 33 cent.

RAFFAELLI

150 — L'Armée du Salut.

Dans une rue de Londres, autour d'un prédicant de l'Armée du Salut, la foule s'est massée : c'est un amas extraordinaire de têtes grotesques surprises en pleine vérité. Le prédicant est vu de dos. Il est accompagné de quelques autres individus portant comme lui la veste rouge, et voilà qu'à gauche, on commence à chanter des cantiques : les bouches s'ouvrent et les mines affectent une mysticité recueillie de l'effet le plus comique.

Signé à droite, en bas.

Panneau. Haut., 53 cent.; larg., 68 cent.

REIMERSCHMID (Rudolf)

151 — La Maison blanche.

Signé à gauche, en bas, du monogramme : *R.-R.*

Panneau. Haut., 53 cent.; larg., 64 cent.

ROLL

152 — La Veillée funèbre.

Sous l'Arc de Triomphe, on a installé le catafalque : dans le soir qui tombe, les flammes vertes des trépieds papillonnent plus intenses. La foule se presse autour du monument, mêlée de camelots qui portent des échelles. A gauche, dans le ciel ennuagé, la lune montre son disque lumineux.

Signé à droite, en bas, avec cette dédicace : *A mon ami Thaulow.*

Toile. Haut., 60 cent.; larg., 73 cent.

THARP

153 — Devant le berceau, en Bretagne.

Signé à gauche, en bas, et daté 1904.

Toile. Haut., 46 cent.; larg., 57 cent.

TIEPOLO (École de)

154 — L'Assomption de la Vierge.

Plafond.

Toile. Haut., 1 m. 96 ; larg., 3 m. 37.

VERENSKIOLD (Érik)

155 — Le Travailleur de la terre.

Signé à gauche, vers le bas.

Panneau. Haut., 55 cent. ; larg., 37 cent.

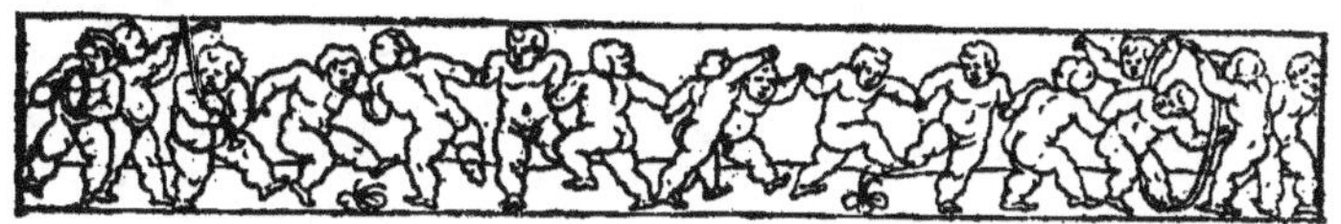

Aquarelles, Pastels
Dessins

BAERTSOEN (Sand)

156 — Le Vieux pont, à Gand.

Signé à droite, en bas, du monogramme, avec cette dédicace :
A mon ami Thaulow, *98*.

Pastel.

Haut., 80 cent.; larg., 93 cent.

CAZIN

157 — Le Chemin tournant.

Dessin à la mine de plomb, sur papier crème.
Signé à gauche, en bas, et daté : *1883*.

Haut., 24 cent ; larg., 27 cent.

DUHEM (Henri)

158 — Les Dizeaux.

Signé à droite, en bas, avec cette dédicace : *A M. et M*me* Thaulow, respectueux hommage de bien vive sympathie*, et daté : *Dannes, août 92*.

Aquarelle.

Haut., 37 cent.; larg., 55 cent.

FROMUTH

159 — Bateaux de pêche à Concarneau.

Pastel.

Signé en bas, vers la droite; à gauche, le monogramme.

Haut., 60 cent.; larg., 45 cent.

FROMUTH

160 — Dans le port.

Pastel.

Signé à gauche, en bas, et daté : *1897*.

Haut., 46 cent.; larg., 51 cent.

LECHAT

161 — Abbeville.

Aquarelle.

Signé à droite, en bas, et daté : *1904*.

Cadre ancien en bois sculpté.

Haut., 52 cent.; larg., 41 cent.

LIEBERMANN

162 — La Veillée.

Pastel.

Haut., 52 cent.; larg., 68 cent.

MÉNARD

163 — Adam et Ève.

Dessin au crayon de couleur.

Signé à gauche, en bas, avec cette dédicace : *A mon ami Thaulow*.

Haut., 75 cent.; larg., 1 m. 05.

MONTENARD

164 — Fleur de Provence.

Signé à droite, en bas.

Pastel.

Haut., 54 cent.; larg., 72 cent.

STABELL

165 — Un Jardin à Christiania.

Aquarelle.

Signé à gauche, en bas.

Haut., 22 cent.; larg., 28 cent.

VERBOEKHOVEN

166 — Étude de bœuf.

Dessin au crayon, sur papier maïs.

Signé à gauche, en bas, du timbre de la vente.

Haut., 31 cent.; larg., 41 cent. 1 2.

Objets d'Art

167 — CANDÉLABRES Louis XVI, à trois lumières : amour portant une corne d'où s'échappent les lumières. Base marbre blanc et bronze doré.

168 — PENDULE CARTEL-APPLIQUE, corne verte, ornée de bronzes dorés. Époque Louis XV.

169 — **Benvenuto Cellini** (D'après). Marteau de porte. Bronze.

170 — **Borgersen.** Coupe à deux anses, émail rouge, vert et jaune.

171 — **Borgersen.** Vase ovale allongé rouge, teinté de jaune et de vert.

172 — **Borgersen.** Vase bleuté, forme gourde.

173 — **Claudel.** *Les Causeuses.* Marbre.

174 — **Claudel.** Buste de fillette. Marbre.

175 — **Dalpayrat.** Cendrier. Chimère.

176 — **Dalpayrat.** Vase-citrouille rouge brique et violacé.

177 — **Dalpayrat.** Vase à long col rouge, tigré de vert.

178 — **Dalpayrat.** Vase. Deux tigres se poursuivant.

179 — **Dejean.** Femme assise. Bronze.

180 — **Dejean.** Femme assise. Plâtre.

181 — **Dejean**. Danseuse. Plâtre.

182 — **Dejean**. Femme assise. Plàtre.

183 — **Delaherche**. Grand vase lie-de-vin. à quatre anses, forme d'amphore.

184 — **Delaherche**. Potiche grise craquelée, à décor de feuilles de marronnier.

185 — **Delaherche**. Pichet avec anse.

186 — **Delaherche**. Vasque gris bleuté.

187 — **Delaherche**. Deux assiettes, décor fleurs.

188 — **Delaherche**. Quatre rosaces à embrasses.

189 — **Delaherche**. Petite coupe grise, avec coulées d'émail gris bleu.

190 — **Delaherche**. Vase gris, teinté de bleu, de rouge et de vert.

191 — **Gauguin** (Paul). Vase terre : personnages et animaux.

192 — **Constantin Meunier**. Cheval. Bronze.

193 — **Nicolini**. *Demi-mondaine*. Bronze.

194 — **Rodin**. *Saint Jean décapité*. Marbre.

195 — **Rodin**. Groupe. Pierre.